TaVe

August der Starke (1670–1733),
Kurfürst von Sachsen und König von Polen, um 1722.

DAGMAR VOGEL

DIE KINDER AUGUSTS DES STARKEN

TAUCHAER VERLAG

KURZWEILIGES Nr. 05/06

INHALT

VORWORT

FRAGT man einen Sachsen oder einen Nichtsachsen, was er über August den Starken weiß, kann man mit der unausbleiblichen Antwort rechnen, der Kurfürst-König habe 365 Kinder in die Welt gesetzt, ohne daß der also Befragte auch nur einen Namen jener so genau bezeichneten Zahl zu nennen weiß.

365 Kinder, genau so viel, wie ein Jahr Tage hat.

Seit zweieinhalb Jahrhunderten geistert diese Zahl, von der medisanten Schwester Friedrichs II., Wilhelmine von Bayreuth, in die Welt gesetzt, durch die Geschichte, häufig kolportiert und vielfach als historische Tatsache hingenommen. Was auf den ersten Blick barocke Übertreibung scheint, hatte System. Das Ansehen August II. sollte herabgesetzt, er selbst moralisch verurteilt werden.

August II. wäre vermutlich über die ihm nachgesagte zahlreiche Nachkommenschaft amüsiert hinweggegangen, denn er wußte es besser. Hatte er doch neben seinem ehelichen Sohn und Nachfolger acht außereheliche Kinder legitimiert und für ihre Zukunft großzügig gesorgt.

Die Autorin ist den Lebenswegen dieser insgesamt neun Kinder Augusts des Starken nachgegangen, deren Schicksal vielfach mit der sächsischen und europäischen Geschichte verwoben ist. Sie beschreibt ihre Talente und Schwächen, ihre Träume und ihre Niederlagen. So entstand gleichzeitig ein farbiger Bilderbogen, der sich über das Augusteische Zeitalter und die erste Hälfte des 18. Jahrhunderts spannt.

D. V.

FRIEDRICH AUGUST

Der Kurprinz

SIE wurden im Abstand von nur wenigen Tagen geboren, aber zwischen ihren Temperamenten lagen Welten: Moritz von Sachsen und Friedrich August, der Kurprinz.

Am 17. Oktober 1696 wird die Kurfürstin von Sachsen, Christiane Eberhardine aus dem Hause Ansbach-Bayreuth, von einem Sohn entbunden. Sie ist fünfundzwanzig, es ist ihr erstes Kind und soll ihr einziges bleiben. Die Ehe mit Friedrich August von Sachsen war auf Wunsch beider Väter zustande gekommen. Es ist durchaus möglich, daß auch Zuneigung zu der eineinhalb Jahre jüngeren hochgewachsenen Blondine aus Franken eine Rolle spielte, als Friedrich August den testamentarischen Willen seines 1691 gestorbenen Vaters Johann Georg III. akzeptierte. Wenn sich auch die Markgräfin von Ansbach-Bayreuth skeptisch zeigte, ob der draufgängerische Herzog von Sachsen der Richtige für ihre ernste, zurückhaltende Tochter sei, wies doch Christian Ernst die Bedenken seiner Ehefrau weit von sich. Er hatte noch mehrere Kinder zu versorgen, standesgemäß sollte es allemal sein. Fürstenehen werden nicht im Himmel geschlossen. Man wird sich arrangieren, und die Verbindung mit den albertinischen Wettinern hatte sich nicht erst einmal bewährt.

So feierte man am 20. Januar 1693 in Bayreuth Hochzeit, und Friedrich August konnte seine

Christiane Eberhardine (1671–1727),
die Gemahlin Augusts des Starken.

»schenste prinzessin von der we(h)lt ...« mit ins heimatliche Sachsen nehmen.

Inzwischen waren fast vier Jahre vergangen. Friedrich Augusts erste Leidenschaft kühlte sich merklich ab. Es stellte sich immer mehr heraus, daß ihn mit der Frau an seiner Seite nichts verbinden würde.

So sind es nur die beiden Großmütter, die den neuen Erdenbürger und Erben des Kurhutes freudig begrüßen. Der Kurprinz ist ein kräftiges Kind. »Ich bin gestern Abent wohl hier ankommen und Unsere Frau Dochter sambt ihren Chur Printzen Gottlob gantz wohl gefunden. Es ist wohl ein allerliebster schöner Engel, ist so groß, als wan er 8 Wochen alt wäre«, berichtet die Mutter Christiane Eberhardines nach Bayreuth. Friedrich August kehrte erst Anfang Dezember 1696 nach Dresden zurück. Bereits vorher hatte er seiner Frau das Amt Pretzsch zum Geschenk gemacht. Es wird etwa 30 Jahre lang ihr freiwilliges Domizil.

Der kleine Kurprinz wächst im Dresdner Schloß unter der Fürsorge seiner Großmutter auf. Friedrich August, seit kurzem als August II. König von Polen, hat die Erziehung wohlweislich in die Hände seiner eigenen Mutter gelegt, wissend, daß die religiöse Intoleranz Christiane Eberhardines Gift für seine Pläne mit dem Sohn sind. Als künftiger Thronerbe hat der kleine Prinz einen umfangreichen Lehrstoff zu bewältigen. An erster Stelle steht die Religion. Es folgen Fremdsprachen, Geschichte, Politik, Naturwissenschaften und musische Fächer. Hinzu kommt die Ausbildung in allen höfischen und sportlich-ritterlichen Exerzitien. Ein Musterschüler war Friedrich August junior nicht. Übungshefte, die sich erhielten, erweisen ihn als guten Durchschnitt. Zeitig überträgt man ihm repräsentative Aufgaben. So nimmt der Prinz bereits mit acht Jahren an einer Galatafel teil und ist fünf Wochen später selbst Gastgeber der Abgeordneten der Oberlausitz, deren Landvogt er ist. In diesem Alter muß er sich auch bereits beim Militär seine ersten Sporen verdienen, nämlich als Exerziermeister der Kadetten. Reisen durch das Kurfürstentum runden seinen Lehrplan ab. Häufig besucht der Prinz seine Mutter in Pretzsch und die Großmutter in Lichtenburg, denn seit seinem sechsten Lebensjahr wurde die Erziehung einem Hofmeister übertragen. Kurfürstin Anna Sophia wählte ihn mit Bedacht aus, denn Freiherr von Miltitz gehört dem alteingesessenen Meißnischen Adel an, dessen Interesse auf Erhalt der alten ständischen Privilegien gerichtet ist und der Front gegen die Absolutismusbestrebungen des Kurfürst-Königs macht. Entsprechend ist seine Interpretation des Lehrstoffes. In den Hochburgen des Widerstandes gegen August II. fällt so manches abfällige Wort über den König, das der kleine Prinz aufschnappt. »Sehr bedenklich ist es, einem von Adel die Erziehung des Kronprinzen allein zu überlassen, zumal jetzt, wo die Ritterschaft auf den Landtagen sich allen Verbesserungen, die vom König ausgehen widersetzt ... Da nun Kammerherr von Miltitz von Adel und sogar Landstand ist, so darf man nicht daran zweifeln, daß er ... dem Kronprinzen falsche Grundsätze beibringt, damit er sich nie aus den Ketten, mit welchen der Adel den König seinen Vater und seine Vorfahren gefesselt hat, befreit. Sehr unverzeihlich ist es ferner, daß er gestattet, daß man in Gegenwart des Prinzen so frei und mit so geringer Achtung von dem König und seinen Handlungen spricht«, warnt der kritische Johann Friedrich von Wolfframsdorff in jenen Jahren. August II. kann die Ratschläge Wolfframsdorffs nur bedingt annehmen. Durch den unglücklichen Verlauf des Nordischen Krieges ist er immer wieder auf Kompromisse mit den Ständen angewiesen. Wem sollte er die Erziehung des Thronfolgers anvertrauen? In Sachsen fand sich weit und breit niemand, der willens gewesen wäre, diese Aufgabe im Sinne des Königs zu übernehmen.

Im September 1705 nimmt August II. seinen Sohn erstmals mit zur Jagd. Einen Monat später schießt der Neunjährige seinen ersten Hirsch, ein Tier von fast vier Zentnern. Die Jagd wird Friedrich Augusts Leidenschaft! Der Prinz sieht seinen Vater in jenen Jahren nur selten. Es herrscht Krieg in Europa. Die Schweden besetzen Sachsen. Friedrich August flieht mit Mutter und Großmutter nach Dänemark. Am 9. Februar 1707, kurz nach der Rückkehr aus der nordischen Heimat Anna Sophias, muß er Karl XII. in Altranstädt die Reverenz erweisen und damit den Mann begrüßen, der seinen Vater vom Thron gestoßen hat.

August II. beschäftigt sich in jenen Jahren viel mit der Zukunft seines Hauses. Er will es zur europäischen Großmacht führen und weist in zahlreichen politischen Niederschriften dem Sohn dazu den Weg. Die Krone Polens hatte er gerade verloren. Sie wiederzuerlangen war wünschenswert, aber fraglich. Die Kaiserkrone des Heiligen Römischen Reiches Deutscher Nation war wie diese eine Wahlkrone, auch wenn das Haus Habsburg sie schon über zwei Jahrhunderte trug. Ein habsburgischer Kaiser war abhängig vom Votum der Kurfürsten. In der Vergangenheit hatten sich diese ihre Wahlstimmen mit Rechten und Privilegien honorieren lassen, und ohne ihre Stellung von Hilfstruppen war der Kaiser machtlos gegen die Türken und Louis XIV. Geschickte Heiratspolitik verschwägerte die Habsburger mit halb Europa. Der Weg zur Kaiserkrone konnte nur über den Traualtar mit einer Habsburgerin führen. Auf diesem Altar mußte der lutherische

Glauben geopfert werden. Es war der einzige Weg zum Ziel – ohne den Rest der Welt gegen sich aufzubringen.

Als August II. für Polens Krone den Glauben wechselte, hoffte der Papst, daß im Stammland der Reformation eine Bekehrungswelle einsetzen würde. »Dessen das Land, dessen der Glaube!« hieß die noch immer gültige Rechtsauffassung. Der König entsagte aber nur für seine Person dem Protestantismus. In wiederholten Versicherungen garantierte er seinen Untertanen die Aufrechterhaltung der Religionsfreiheit und Unantastbarkeit der lutherischen Lehre.

Aber Rom hatte einen langen Atem! Im Vatikan zeigte man sich bereit, August zum zweitenmal beim Kampf um die polnische Krone zu unterstützen und beim Kaiser darauf hinzuarbeiten, daß einmal eine Erzherzogin in Dresden einzöge, wenn – ja wenn – der Kurprinz eine katholische Erziehung erhielte. Lange taktierte August II. mit den Vertretern des Heiligen Stuhles, sagte je nach politischer Lage mal Ja, mal Nein. Jetzt, da zu befürchten stand, daß der Papst Stanislas Lesczcynski anerkannte, mußte er handeln! Am Gründonnerstag 1708 erhielt Dresden seine erste katholische Hofkirche, die der Heiligen Dreifaltigkeit geweiht wurde.

Am 8. Juli 1709 schlug Peter I. die Schweden bei Poltawa vernichtend. Karl XII. flüchtete Hals über Kopf in die Türkei. August II. kehrte auf den Jagellonenthron zurück. Der Papst erklärte nun den Frieden von Altranstädt für ungültig und August II. für den rechtmäßigen König von Polen. Jetzt war es an August, sein Entgegenkommen zu beweisen … Aus Rom trafen im Januar 1710 der Neffe des Papstes,

Annibale Albani und der Rektor des deutschen Kollegiums der Tiberstadt, Giovanni Battista Salerno in Dresden ein. Sie verlangten von August bindende Zusagen über den Konfessionswechsel des Kurprinzen. Wieder pokerte der König: Zuerst die Unterstützung des Heiligen Vaters für den Prinzen bei der Bewerbung um eine Erzherzogin, dann die Religion! Doch Clemens XI. schaffte jetzt vollendete Tatsachen. Er verkündete im Kardinalskollegium lauthals – und damit aller Welt – August II. habe ihm sein Wort gegeben, den Kurprinzen in den Schoß der katholischen Kirche zurückzuführen.

Großmutter und Mutter Friedrich Augusts fühlten sich im Zugzwang. Während sich August II. in Polen befand, wurde der Prinz im Oktober 1710 nach evangelischem Ritus konfirmiert. Man nahm ihm das eidesstattliche Versprechen ab, für immer Protestant zu bleiben. Als August davon erfuhr, war es zu spät. Es blieb ihm keine andere Wahl, als sich in Rom für die Eigenmächtigkeit seiner Familie zu entschuldigen und zu versichern, den Sohn zu sich nach Polen zu holen und ihm dort einen katholischen Hofstaat zu geben.

Am 17. April 1711 stirbt Kaiser Joseph I. Er hinterläßt zwei Töchter. August II., entschlossener denn je, das Eheprojekt mit Nachdruck zu betreiben, weiß, daß Josephs Bruder Karl, der als König von Spanien bald zum Kaiser des Reiches gewählt werden wird, seinen Plänen entgegen ist. Nur durch den Einfluß des Papstes ist Karls Zustimmung zu haben. Der Konfessionswechsel des Kurprinzen wird zum politischen Muß!

August beschließt, den Sohn auf Reisen zu schicken. So wie er als Siebzehnjähriger einst seine

Kavalierstour durch Frankreich, Spanien, Portugal, Italien und das Reich gemacht hatte, soll nun auch der Kurprinz fremde Länder kennenlernen.

Über die rheinischen Fürstenhöfe würde er in die Kaiserstadt Frankfurt reisen, um der Krönung Karls beizuwohnen. Über die Schweiz käme man zum eigentlichen Ziel, nach Italien. Nach und nach wechselte der evangelische Hofstaat mit einem katholischen …

Um den Prinzen auf die Reise einzustimmen, muß er erst einmal mit nach Polen. Da der König nicht sicher ist, ob Friedrich August freiwillig mitkommt, greift er zu einer List. Am 24. Mai 1711 verabschiedet er sich von ihm im Großen Garten. Sein Reiseziel bleibt geheim. Ob er nicht Lust hätte, ihn zu begleiten? fragt August aus der Kutsche heraus. »Herzlich gern«, sagt der Prinz, »wann ich nur einige benötigte Sachen bey mir hätte.« »Das wird sich alles finden«, antwortet August. Er läßt den Sohn einsteigen – und ab geht die Fahrt nach Polen! Mutter, Großmutter und der evangelische Klerus sind empört, als sie davon erfahren. Erst am 9. Juli 1711 treffen August und der Kurprinz wieder in Dresden ein. Bereits Mitte April hatte der König den Wojwoden von Livland, Josef Graf Kos, zum Begleiter Friedrich Augusts ausgewählt. Er wird sein Oberhofmeister. Der Aufenthalt im Land des Weißen Adlers ändert nichts an der ablehnenden Haltung des Kurprinzen gegenüber der neuen Religion. Er sträubt sich wider alle Bekehrungsversuche. August will nur Tage in Sachsen bleiben, denn des Prinzen Große Tour bedarf der letzten Vorbereitungen. Bereits vier Tage nach der Heimkehr nach Dresden heißt es für Friedrich August, erneut Abschied nehmen, diesmal für acht

Prinz Friedrich August
(1696–1763), 1718.

Jahre! Über Plauen geht die Fahrt nach Bayreuth, wo er gerade rechtzeitig zum Geburtstag des Großvaters Christian Ernst eintrifft. Von Nürnberg reist man nach Frankfurt am Main. Der Prinz und seine Begleiter treffen am 12. Oktober dort ein. Zum Hofstaat Friedrich Augusts gehört nach wie vor sein alter Hofmeister, der Geheime Rat von Miltitz. Beide, Kos und Miltitz, versuchen, mit ihren religiösen Überzeugungen Einfluß auf den Prinzen zu nehmen. Noch ist Miltitz im Vorteil!

Friedrich August erhält regen Besuch von protestantischen Diplomaten, die zur Kaiserwahl ebenfalls zahlreich angereist sind. Es ist als moralische Unterstützung für ihn gedacht. 1711 berichtet ein Studienfreund Miltitz' nach Hannover: »... der Kurprinz, ungeachtet er sehr observiert und ihm zugesetzt würde, dennoch beständig bliebe und so wenig von der österreichischen Heirat als von der Krone Polens wissen wollte, und habe an ihm erkennet, daß er eine rechte Abscheu vor Polen habe ... er sage oft, er verlange nicht größer zu werden und sei mit Sachsen zufrieden ...« Diese Einstellung Friedrich Augusts entsprach der Erziehung Miltitz', die des Beifalls der Stände sicher war.

Da Kos Miltitz' Vorgesetzter war, scheute er sich, mit dem Kurprinzen öffentlich protestantische Kirchen zu besuchen. Er hoffte allerdings, daß die evangelischen Reichsstände Druck auf August II. ausübten und sie bald nach Sachsen zurückkehren könnten. Am meisten fürchtete er den Aufenthalt Friedrich Augusts in Italien. Es bestand durchaus die Gefahr, daß der Widerstand des kunstsinnigen Prinzen an der Schönheit des römischen Barock zerschellte, daß Bernini und Michelangelo über die bildergestürmten protestantischen Gotteshäuser triumphierten.

Am 16. Januar 1712 verlassen sie die Kaiserstadt. Über Heidelberg und Genf geht es nach Italien. Das erste Reiseziel heißt Venedig. Der Karneval der Lagunenstadt soll die rechte Einstimmung für Friedrich August sein. Dann reisen sie nach Siena und Mailand. Graf Kos versucht nun immer häufiger, Friedrich August für die neue Religion zu interessieren. Die protestantische Begleitung mußte ihn schon in Frankfurt verlassen, die Post des Prinzen an Mutter und Großmutter wurde überwacht. Um so ärgerlicher reagierte August II., als ihm im Frühjahr 1712 ein Brief des Sohnes in die Hände fiel, worin er beteuerte, stets Protestant bleiben zu wollen, und um seine Rückkehr nach Sachsen bat. Des Königs Antwort fällt entsprechend aus: »Ich sage Dir, mein lieber Sohn, meine Meinung, mein Rat und mein Wille ist, daß Du katholisch wirst. Außerhalb dieser Kirche gibt es keine Rettung. Man ist dann verloren für immer. Dies verlangen auch die Gebote der Ehre und die Interessen unseres Hauses ...« Vor seiner Rückreise nach Polen trifft sich August II. mit Salerno zu einer geheimen Konferenz im Gasthof »Zur Post« in Bautzen. Der Jesuit hält dem König vor, mit der katholischen Erziehung des Sohnes zu lange gewartet zu haben. Er wolle das Bekehrungswerk jetzt selbst in die Hände nehmen. Am nächsten Morgen reist er nach Italien, einen Brief des Königs in der Tasche.

In Wien hat Salerno eine Unterredung mit den kaiserlichen Ministern. Er teilt ihnen die bevorstehende Konversion Friedrich Augusts mit und sondiert wegen der Ehe des Prinzen mit einer Erzherzogin.

Dann bricht er zu Friedrich August nach Bologna auf. Die Mittel, die er bei ihm anwendet, sind denkbar einfach, aber wirkungsvoll: Einschränkung der Informationsfreiheit, Beschränkung des Umgangs auf Katholiken und eifriger Besuch von Klöstern und Kirchen. Nach einem halben Jahr ist Friedrich Augusts Widerstand gebrochen! Am 27. November 1712 tritt der Prinz heimlich zum Katholizismus über. Die größte Hürde für die Hochzeit mit einer Kaisertochter ist genommen!

Noch gibt es aus Wien keine positiven Signale. Da August II. Unruhen in Sachsen befürchten muß, wenn der Glaubenswechsel des Kurprinzen bekannt würde, unterliegt dessen Übertritt – zum Leidwesen des Papstes – vorläufig strengster Geheimhaltung. Solange der König keine konkreten Zusagen hinsichtlich eines Eheversprechens mit einer der Josephinischen Erzherzoginnen hat, solange kann der Vatikan nicht auf sein Entgegenkommen rechnen. Jetzt war Clemens am Zug!

Friedrich August hielt sich in jenen Monaten als Gast des Sonnenkönigs in Versailles auf. Hier hinterließ der gewandte junge Mann mit den guten Umgangsformen den denkbar besten Eindruck. Man rätselte, ob er den Glauben gewechselt habe oder nicht. In Paris gelang es der ständisch-protestantischen Opposition, Fühlung mit ihm zu nehmen. Vertreter des alteingesessenen sächsischen Adels hatten sich zu einem Geheimbund zusammengeschlossen. Ihr Plan war es, Friedrich August zu einem Staatsstreich gegen seinen Vater zu veranlassen. Ziel dessen sollte es sein, den König zu stürzen und den Herzog von Sachsen-Weißenfels, eine Nebenlinie des Kurhauses, an die Macht zu bringen.

Empfang des sächsischen Kurprinzen Friedrich August durch Louis XIV. am 27. September 1714 in Fontainbleau.

Ob sich Friedrich August mit ihnen einließ, ist fraglich. Er interessierte sich für Kunst, Jagd und Theater. Nicht einmal die galanten Damen von Paris konnten seine Aufmerksamkeit erwecken.

Der Kaiser ignorierte die sächsischen Ehewünsche noch immer. Ein Aufenthalt des Kurprinzen in Wien war ihm aus politischen Gründen unerwünscht. Auch August II. schien eine Rückkehr des Sohnes nach Sachsen politisch unklug. Deshalb schickte er Friedrich August nochmals auf Reisen. In Begleitung des fast gleichaltrigen Alexander Joseph Sulkowski lebte er eineinhalb Jahre in Venedig. »Bella Venetia« war nicht nur seines Karnevals wegen berühmt. Es galt auch als Hochburg der italienischen Oper, die der Kurprinz so liebte. In den Palästen der Nobili trafen sich die berühmtesten zeitgenössischen Musiker und Sänger. Friedrich August war ihr häufiger und gern gesehener Gast. Besonders oft besuchte der Prinz den reichen Kaufmann Bianchi und dessen Frau, eine ausgezeichnete Musikerin. Der ausgesuchte Künstlerkreis dieses vornehmen Hauses regte ihn an, auch für Dresden eine italienische Oper zu begründen und dazu Sänger und Musiker zu verpflichten. Allerdings stieß seine Großzügigkeit beim Abschluß der Kontrakte bei August II. angesichts der erschöpften Kassen auf Widerstand. Der Prinz zeigte sich jedoch überaus hartnäckig. Sein Oberhofmeister Graf Kos und die anderen Herren seines Gefolges unterstützten ihn dabei eifrig. Kos sah wohl in der italienischen Musik die ideale Brücke zur Glaubensfestigung seines Zöglings. Schließlich gab der König nach. Nur die finanzielle Frage blieb noch einige Zeit Stein des Anstoßes.

Salernos Bekehrungswerk wurde indes ein voller Erfolg, so daß Friedrich Augusts Glaubensinbrunst selbst ihn, als gestandenen Jesuiten, beeindruckte. Der Prinz sammelte eifrig Reliquien, sein Lebenswandel war untadelig. Er erfüllte seine kirchlichen Pflichten musterhaft, beichtete und ging öfter als nötig zur Messe.

Am 13. April 1716 wurde Kaiser Karl VI. endlich der ersehnte Thronfolger geboren. Jetzt konnte er die Hand Maria Josephas vergeben. Sofort eilte Salerno nach Wien. Der Kaiser mußte endlich seine Ablehnung überwinden! Nur so würde der Katholizismus in Sachsen wieder Fuß fassen! Karl VI. taktierte noch einige Zeit. Dann erfuhr Salerno durch eine gezielte Indiskretion, daß der Kaiser willens war, Maria Josepha mit Friedrich August zu verheiraten. Im Oktober 1716 starb der kleine Erzherzog. Wieder schien alles in Frage gestellt! Am 13. Mai 1717 wurde Maria Theresia geboren. Das Eis war gebrochen.

Bevor die Verhandlungen über die Ehepakten in Angriff genommen werden konnten, mußte Friedrich Augusts Religionswechsel der Öffentlichkeit bekannt gegeben werden. Er reiste nach Wien. Dort besuchte er den öffentlichen Gottesdienst in der Jesuitenkirche und empfing das Heilige Abendmahl. Seiner Mutter schrieb er: »Euer Majestät gebe ich mit allem Respekt ... Kenntnis von der Erklärung, die ich am 11. d. M. über meinen Übertritt zur katholischen Religion abgegeben habe. Ich hatte sie seit langem aus eigenem Antrieb angenommen ...« Christiane Eberhardine beantwortete das Schreiben erst nach einem Vierteljahr.

Die Publikation in Sachsen bekannt zu machen war ein heißes Eisen. 1717 jährte sich das Reformationsfest zum 200. Mal. Der König befürchtete Unruhen und versicherte den Ständen erneut die Unantastbarkeit der Religionsfreiheit. Trotzdem wurde die Konversion des Kurprinzen mit großer Verbitterung aufgenommen. Eigentlich war es nur der Tod der alten Kurfürstin Anna Sophia, der das Aufflammen von Tumulten verhinderte.

Friedrich August lebte jetzt ein Jahr in Wien. Auf Anraten Flemmings sollte er bis zu seiner Hochzeit die Statthalterschaft in Sachsen übernehmen und erste Einblicke in die Staatsgeschäfte erhalten. August II. reiste mit seinem Minister nach Brünn, um die dafür notwendigen Verhandlungen mit Salerno zu führen. Friedrich August und der sächsische Verhandlungsführer in Wien, Graf Lagnasco, trafen ebenfalls dort ein. Nach sieben Jahren sahen sich Vater und Sohn zum erstenmal wieder. Der Kurprinz war ein kräftiger, fülliger junger Mann geworden. Er hörte jeden Morgen kniend die Messe. Seine Frömmigkeit war unerschütterlich, seine Naivität auch, denn er ermahnte seinen Vater, ein Gleiches zu tun. Die Verhandlungen mit Salerno brachten nicht den gewünschten Erfolg. Der Jesuit, um das Seelenheil seines Zöglings fürchtend, nahm den Prinzen wieder mit nach Wien.

Am 3. Januar 1719 wurde der Kurprinz durch den Wiener Nuntius in der kaiserlichen Hauskapelle konfirmiert. Kaiser Karl VI. übernahm die Patenschaft. Da ihm im vergangenen September noch eine zweite Tochter geboren worden war, hegte er keine Bedenken mehr gegen die sächsisch-österreichische Heirat. Graf Flemming reiste nach Wien, um die Verhandlungen, die für Sachsen auch weitreichende politische Bedeutung hatten, zum Abschluß zu bringen.

Bevor Maria Josepha von ihrem Glück erfuhr, mußte sie und ihre Schwester die Pragmatische Sanktion anerkennen. Der Kurprinz erhielt die freudige Nachricht vom Grafen Sinzendorf. Friedrich August bedankte sich mit einem wertvollen Diamanten. Dann stattete er dem Kaiser und den beiden Kaiserinnen seinen Dank ab. Für Maria Josepha blieb nur wenig Zeit. Sie reichte gerade für den Austausch einiger Komplimente und einen Handkuß. Auf ihn wartete bereits die Kutsche, die ihn zu seinem Vater nach Polen bringen sollte.

Am 23. März 1719 kehrte Friedrich August nach Sachsen zurück. Als er kurz darauf seine Mutter in

Maria Josepha,
die Gemahlin des Kurprinzen
Friedrich August.

Torgau besuchte, hatten sich beide nichts mehr zu sagen.

In Dresden begann August II. mit den Vorbereitungen für die Hochzeit des Kurprinzen. Sie sollte alles, was man von ihm in der Entfaltung höfischer Festkultur gewöhnt war, weit in den Schatten stellen. Die Festlichkeiten dauerten den ganzen Monat September 1719 hindurch. Sie wurden zu einem internationalen Ereignis von erstem Rang. – In den »Vorkommnissen am Augusteischen Hof« haben wir ausführlich darüber berichtet. –

Friedrich August und Maria Josepha verbrachten ihre Flitterwochen in Wermsdorf. Die Gegend war altes kurfürstliches Jagdrevier mit ausgedehnten Wäldern und großem Wildreichtum. Schon unter Kurfürst August erhielt Wermsdorf ein ansehnliches Jagdhaus. Hier führte Anton Egon Fürst von Fürstenberg 1698 die Parforcejagd ein. Nach seinem Tod übernahm der König das Schloß mit der gesamten Jagdequipage. Das »Alte Jagdschloß« genügte den höfischen Anforderungen bald nicht mehr, deshalb ordnete August II. einen großartigen Schloßneubau an. Friedrich August sollte das Schloß zehn Jahre nach seiner Vollendung noch einmal neu erbauen lassen und zu seinem bevorzugten Aufenthaltsort wählen.

Bei Hofe sprach es sich bald herum, daß Maria Josepha schwanger war. Um zu verhindern, daß sich Friedrich August während dieser Zeit in amouröse Abenteuer einließ, unterzog man sein Privatleben strengster Kontrolle. Eines Tages lag dem König ein Bittgesuch eines Kaufwilligen für ein Haus vor, das nahe der kurprinzlichen Wohnung lag. August II. kannte den Grundstücksinteressenten, dessen Namen die Akten nur mit Monsieur H. bezeichnen. Sein Bescheid war abschlägig, denn »H. hat eine hübsche Nichte, der Prinz ist jung und der Teufel ist pfiffig. Die Versuchung ist zu befürchten. Die Nachbarschaft des Objektes macht es unausbleiblich zu unterliegen ...« August II. Befürchtungen waren unbegründet. Der Kurprinz erwies sich als treuer Ehemann. Maria Josepha mußte 15 Kinder zur Welt bringen, von denen 10 das Erwachsenenalter erreichten.

Friedrich August hatte Jahre, die für seine Persönlichkeitsentwicklung ausschlaggebend waren, fern seiner sächsischen Heimat verbracht. Es lag nahe, ihm eine Zeit der Eingewöhnung zu gewähren, bevor er Einblick in die Regierungsgeschäfte erhielt.

Graf Flemming zeichnete 1718 ein aufschlußreiches Porträt von ihm. Der sächsische Premier hielt sich in diesem Jahr zu politischen Gesprächen in Wien auf und mag die Entwicklung des Prinzen mit Interesse verfolgt haben. »Der Prinz«, so Flemming, »liebt die Pracht und den Putz und setzt seinen Stolz darein, einen guten Geschmack zu haben. Er liebt die Tafel, das gute Essen und den Wein, aber ohne Exzeß. Er liebt die italienische Musik. Er hat die gewöhnlichen Neigungen der Prinzen: die Jagd, Pferde, Hunde. Er hat gute Ansichten und ist fromm ohne bigott zu sein. Er hat sehr viel Ehrfurcht vor seinem Vater. Er bemüht sich die Leute kennenzulernen. Er hat einen guten Verstand und begreift leicht, was für sein Interesse und seine Bequemlichkeit ist ... Abschließend kann man sagen, daß er sehr gute Anlagen hat, die aber mehr für das Privatleben als für die Regierung taugen. Hierzu benötigt er die Unterstützung rechtschaffener Leute.«

August II. scheint den Kurprinzen bis zur Mitte der zwanziger Jahre wenig an den Regierungsgeschäften beteiligt zu haben. Friedrich August und Maria Josepha verbrachten ihre Zeit meistenteils in Hubertusburg. Nach und nach bezog man den Kurprinzen in die Kabinettsitzungen ein. Man bescheinigte ihm, daß er mit »einer großen Einsicht in die Ihm vorkommenden Sachen entrire und Sich nicht zuwieder seyn laße, darauf die nötige Zeit und Mühe zu wenden, auch wo es nötig … Sich darüber schrifft- und mündlich vollkommen zu expliciren weis, wie Er solches bey Abwesenheit des Königs gar vielfältig und notablement soll gezeiget haben …« Dies wurde besonders um die Jahreswende 1726 nötig, als der König in Polen lebensgefährlich an einem Zehenschaden erkrankte. August II. selbst rechnete mit seinem Ableben. Am ersten Weihnachtsfeiertag 1726 schrieb er dem Sohn einen Abschiedsbrief. Darin legte er ihm noch einmal die Bewerbung um die polnische Krone ans Herz und ermahnte ihn zu einer friedlichen Außenpolitik, denn »die friedliebenden Herrscher sind immer am glücklichsten und oft selbst glorreicher als diejenigen, die immer unter Waffen stehen … Ist man einmal engagiert, gerät man oft in Verlegenheiten, wo die Klugheit und die Vorsicht nichts mehr nützen. Wenn Ihr diese väterliche Warnung beachtet … werdet Ihr und die Völker, die Ihr regiert, glücklich sein …«

Auch Graf Flemming entwarf im Winter 1726 ein Regierungsprogramm für den Prinzen. Mit seiner grundsätzlich pazifistischen Tendenz liest es sich wie ein Leitfaden zur Brühlschen Außenpolitik.

In den letzten Lebensjahren Augusts II. interessierten sich die ausländischen Diplomaten zunehmend für die politischen Ansichten des Thronfolgers. War Friedrich August auch anfangs unter dem Einfluß der Flemmingschen Außenpolitik, seiner habsburgischen Ehefrau und der jesuitischen Beichtväter prokaiserlich gesinnt, änderte sich dies bis zum Tod Augusts II. Der sächsische Minister Graf Hoym war es vor allem, der dem Prinzen klar machte, daß er aufgrund seiner Ehe mit der Kaisertochter und der damit erzwungenen Unterzeichnung der Pragmatischen Sanktion, ein natürlicher Gegner des Kaisers sein mußte. Diese Ansicht wurde von Sulkowski, dem Jugendfreund Friedrich Augusts, lebhaft unterstützt. Sie deckte sich erst recht mit der Meinung des Königs. Trotzdem bildeten der alte und der junge Hof zwei gegensätzliche Pole, auf die verschiedene Interessengruppen Einfluß auszuüben versuchten. Das Vater-Sohn-Verhältnis war nicht frei von Rivalität. Im privaten Umgang beschränkte das kurprinzliche Paar seinen Umgang mit dem König auf das nötigste. August II., der seine legitimierten Kinder so oft wie möglich um sich scharte, stieß damit auf das Unbehagen seiner kaiserlichen Schwiegertochter. Sie wünschte Abstand zur unebenbürtigen Verwandtschaft.

Am 1. Februar 1733 starb August II. Bereits am 2. Februar bat Friedrich August die polnischen Großen um ihre Unterstützung. Die Todesnachricht aus Warschau traf erst einen Tag nach Abgang seiner Briefe in der sächsischen Residenz ein! Friedrich August wollte König von Polen werden! Seine Hoffnungen waren nicht unbegründet, wenngleich zur erfolgreichen Bewerbung die Unterstützung der

»drei Schwarzen Adler« notwendig war. Mit Rußland, dem ersten, gestalteten sich die Verhandlungen am einfachsten. Biron, der Geliebte der Zarin Anna, wollte Herzog von Kurland werden – und Kurland war polnisches Kronlehen. Diese Bindung bestand allerdings nur noch auf dem Papier, denn ohne Zustimmung Petersburgs ging in Kurland gar nichts. In Heinrich von Brühl stand Friedrich August einer der brillantesten Diplomaten seiner Zeit zur Verfügung. Es gelang ihm nicht nur, mit geschickten Absichtserklärungen hinsichtlich Kurlands Birons Wunsch mit Sachsens Interessen zu verknüpfen, sondern auch die Freundschaft der Zarin Anna zu gewinnen, die bis 1740, dem Todesjahr der Zarin, bestand. Der zweite der »Schwarzen Adler« war Österreich. Friedrich August und Maria Josepha hatten bereits als Kurprinzenpaar die Pragmatische Sanktion anerkannt. Jetzt, da Friedrich August Kurfürst von Sachsen geworden war und die Königswürde erstrebte, verlangte die Hofburg eine erneute Bestätigung der kaiserlichen Erbfolgeordnung. Ohne diese konnte man auf keine Mithilfe Österreichs rechnen, zumal der Kaiser bei seinem Engagement für Friedrich August einen Krieg mit Frankreich riskierte. Die Kriegspartei in Paris drängte Louis XV., seinen Schwiegervater Stanislas Lesczcynski, ins Rennen zu schicken. Stanislas reiste auch tatsächlich, als Kaufmann verkleidet, nach Polen und wurde vor Friedrich August zum König gewählt. Aber die französische Unterstützung war genauso halbherzig wie 1697. Es kam wie damals zu einer Doppelwahl. Kardinal de Fleury, Frankreichs großer alter Mann, wollte kein gutes Geld in ein zweifelhaftes Unternehmen investieren. Als General

Lascy mit russischen Truppen in Polen einmarschierte, floh Stanislas, der Interimskönig, Hals über Kopf nach Danzig. Verkleidet und heimlich, wie er kam, verließ er Polen – für immer! Friedrich August bestieg als König August III. den Jagellonenthron. Der dritte der »Schwarzen Adler« hieß Preußen. Schon in den letzten Lebensjahren Augusts II. gestalteten sich die Beziehungen zunehmend schwieriger. Friedrich Wilhelm I. ließ sich ganz in die antisächsische Politik des Kaisers einbinden. Der plötzliche Richtungswechsel zugunsten Sachsens irritierte Preußen. Friedrich Wilhelm hoffte, von Friedrich August umworben zu werden. Da man dies in Dresden nicht mehr nötig hatte, verstärkte sich die Abneigung des Hohenzollern gegen den neuen Nachbarn. Die Beziehungen beider Länder zeichneten sich in den folgenden Jahren dadurch aus, daß man so gut wie keine hatte.

Das Jahr 1740 wird zum Schicksalsjahr für Europa. Innerhalb von zwölf Monaten sind drei Throne vakant: Preußen, Österreich, Rußland.

Bevor Brühl Klarheit über die neue Situation gewinnen kann, bricht Friedrich II. in Schlesien ein – kaum daß Maria Theresia in Wien den Thron bestiegen hat. Der Kampf um das Habsburger Erbe beginnt.

Die Brühlsche Außenpolitik versuchte durch kluges Taktieren mit und zwischen den Mächten eine Schadensbegrenzung der preußischen Eroberung Schlesiens zu erreichen. In den Jahren bis zum Ausbruch des Siebenjährigen Krieges gelang Heinrich von Brühl die historische Leistung, eine Aussöhnung Österreichs mit Frankreich in die Wege zu leiten, die einen jahrhundertealten Machtkampf um

Der Zwingerhof in Dresden, um 1750.

die Vorherrschaft in Europa beendete. Das »Renversement des alliances«, der »Umsturz der Bündnisse«, machte Versailles und Wien zu Partnern, während sich Friedrich II. vor den Karren britischer Interessen spannen ließ und London gegen Paris freie Hand im Kampf um die nordamerikanischen Kolonien gab.

Mit der Plünderung des Schlosses Hartenfels in Torgau, aller sächsischen Staatskassen und Zeughäuser, beginnt am 29. August 1756 der »transitus innoxius«, der »Ohnschädliche Durchmarsch« der preußischen Armee durch das neutrale Sachsen. August III. hat weder Chancen noch Macht, die mehr als 66000 preußischen Soldaten aufzuhalten.

Das zivilisierte Europa reagierte mit einem Aufschrei der Empörung auf den Landfriedensbruch. August III. und Graf Brühl blieb nur der Weg nach Polen.

Am 15. Februar 1763 unterzeichneten die Bevollmächtigten den Frieden von Hubertusburg, der

Schloß Hubertusburg. Historische Aufnahme.

Friedrich nichts weiter als den Besitzstand von 1745 garantierte. Der Siebenjährige Krieg war beendet. Am 30. April 1763 kehrten August III. und Graf Brühl nach Sachsen zurück, in ein Land, das den Bankrott längst überschritten hatte. Der Premierminister setzte noch von Warschau aus eine Restaurationskommission ein. Die Früchte daraus sollten beide nicht mehr ernten.

August III. starb am 5. Oktober 1763. Brühl folgte ihm am 28. Oktober des gleichen Jahres. Maria Josepha, die Kaisertochter, war bereits am 17. November 1757 in Dresden gestorben. Mit dem Tod August III. endete die sächsisch-polnische Union. Zwar blieb das Land in den 30 Jahren frei von Krieg, die Einmischungen des Auslandes, vor allem Preußens, Österreichs, Rußlands und Frankreichs verhinderten auch hier alle Reformbestrebungen.

Unter der Regierung August III. besiegelt Dresden seinen Ruf als Kunststadt von Weltgeltung endgültig. Umfassende Gemäldeankäufe lassen die Dresdner Galerie zu einer der bedeutendsten Bildersammlungen werden. Als Bauherr tritt August III. nur zweimal in Erscheinung: beim Bau der Katholischen Hofkirche und Schloß Hubertusburgs. Der Hauptauftraggeber des sächsischen Rokoko ist Graf Brühl.

Auch das Hofleben erfährt unter August III. eine Wandlung. Es liegt nicht nur am Wechsel vom festlichen Barock zum beschwingten, intimen Rokoko, das die großen Festaufzüge und Freilichtvergnügungen Augusts des Starken der Vergangenheit angehören läßt. Mit Maria Josepha, der Habsburgerin, zieht auch das Spanische Hofzeremoniell in Dresden ein. Es legt sich wie ein eisiger Rauhreif über das heitere Augusteische Zeitalter. Der Hof geht auf Distanz, beginnt sich von der Bürgernähe Augusts II. zu entfernen. Graf Moritz von Sachsen beklagt bereits 1733 die veränderte Atmosphäre am neuen Hof und entrüstet sich über »die Weiber und dames«. Sie seien nicht mehr »recht geschickt zur débauche … (Ausschweifung), und wollten gleich um neun Uhr zu Bette und müßten oder wollten ihre Männer auch überall mit sich haben».

Canaletto malte 1754 eine Innenansicht des Zwingers. Sie zeigt, daß August III. mit der ursprünglichen Bestimmung des Bauwerks als festliches Freilichttheater nichts mehr anzufangen wußte.

Nur nach einer erfolgreichen Jagd legte August III. jene Unnahbarkeit ab, mit der er sich sonst umgab. Graf Poniatowski, ab 1764 Polens letzter König, beobachtete ihn in Hubertusburg: »Während der Jagd, vor allem während einer glücklichen Jagd, schien der König sich selbst unähnlich: lustig, entgegenkommend, gesprächig, so daß alle, die damals leichten Zutritt hatten, beinahe zweifelten, es könnte derselbe stolze, ernste, schweigsame König sein, den man sonst stets nur von einer strengen, fast jede Annäherung verhindernde Etikette umgeben sah ...«

MORITZ VON SACHSEN

Das verspielte Herzogtum

AN einem trüben Dezembertag des Jahres 1725 findet im Sächsischen Palais in Warschau eine geheime Unterredung zwischen dem Grafen Moritz von Sachsen und dem kurländischen Residenten, Freiherrn von Brakel, statt. Thema ihres Gesprächs ist ein diplomatisch heißes Eisen, an dem man sich entweder die Finger verbrennen oder sein Glück machen kann. Es handelt sich um die Krone des Herzogtums Kurland.

Der Baltenstaat erstreckt sich ein Stück entlang der Ostsee bis zur Rigaer Bucht. Er umfaßte in etwa das heutige Litauen und Teile Lettlands. Mit seiner Provinz Samogitien grenzt er unmittelbar an Ostpreußen, Westrußland und Litauen. Kurland steht seit dem 16. Jahrhundert in einem Lehensverhältnis zum Königreich Polen. Seit dieser Zeit wird es von der Familie von Kettler regiert. Der Lauf der Geschichte wollte es, daß das Aussterben der Kettlers bevorstand. In diesem Falle beabsichtigte die Republik Polen, das Herzogtum als erledigtes Kronlehen einzuziehen.

Hier begannen sich die Interessen der Nachbarstaaten zu kreuzen. Das aufstrebende Rußland hatte bereits seine begehrlichen Blicke auf das wohlhabende Kurland geworfen, als Zar Peter I. auf seiner Reise in den Westen hier Station machte und vom damaligen regierenden Herzog mit allen protokollarischen Ehren empfangen wurde. Der für

Moritz von Sachsen (1696–1750).

Peter I. günstige Verlauf des Nordischen Krieges gab ihm Gelegenheit, seine Nichte, Anna Iwanowna, eine dunkelhäutige Juno von der Größe eines preußischen Grenadiers, mit dem jungen Herzog Friedrich Wilhelm von Kettler zu verheiraten. Dem Zaren gelang es dadurch, seine Einflußsphäre weit nach Westen auszudehnen.

Bereits 1711 wurde die achtzehnjährige Anna wieder Witwe. Ihr gleichaltriger Ehemann starb kurz nach der Hochzeit an den Folgen einer Alkoholvergiftung, die er sich bei den Wodkaorgien Peters I. zugezogen hatte.

Kurland rückte erneut in den Mittelpunkt der Diplomaten. Sachsen, Preußen und Rußland drehten das Kandidatenkarussell. Selbst Graf Flemming, Augusts II. einflußreicher Außenminister, träumte davon, als Herzog von Kurland in die Geschichte einzugehen.

Kurz nach dem Tod des jungen Kettler nahm Graf Vitzthum unter der Hand Fühlung mit den kurländischen Ständen. Der Graf versuchte, deren Absichten hinsichtlich der Wahl eines Nachfolgers auszuloten. Vitzthum, der zu dieser Zeit sächsischer Gesandter in St. Petersburg war, tat dies als Privatmann. So wurde ihm denn auch seitens des kurischen Adels »ganz privat« eröffnet, daß man an preußischen, russischen oder sonstigen Bewerbern nicht interessiert sei, während man sich einen sächsischen Kandidaten durchaus vorstellen könne.

Seitdem waren 15 Jahre vergangen. Der kurländische Thron war noch immer vakant und die Hand der Herzogin Anna Iwanowna nach wie vor frei.

Die kurischen Stände drängte allerdings ein ganz anderes Problem: Das letzte männliche Mitglied des

Hauses Kettler, der alte Herzog Ferdinand, war 70 Jahre, krank und kinderlos. Gelang es ihnen nicht, noch zu seinen Lebzeiten einen Nachfolger zu finden, fiele das protestantische Kurland unweigerlich an Polen.

Alles dies besprechen Casimir Christoph von Brakel und Moritz von Sachsen an jenem schneeverhangenen Wintertag im vorweihnachtlichen Warschau. Brakel geht mit seinen Eröffnungen sogar noch weiter. Im Namen des kurischen Adels trägt er Moritz die Krone des Baltenstaates an.

Moritz von Sachsen, der Sohn Augusts II. und der Gräfin Maria Aurora von Königsmark, hatte gerade sein 29. Lebensjahr vollendet. Er erblickte am 28. Oktober 1696 in Goslar das Licht der Welt. Seine Mutter, eine geistreiche, vielumworbene Schönheit aus schwedisch-brandenburgischem Adel, spielte nur eine kurze Rolle am glanzvollen Hof des jungen Friedrich August von Sachsen. Ursprünglich kam sie mit der Absicht nach Dresden, den Kurfürsten um seine Unterstützung zu bitten, ihr bei der Aufnahme in das Hochadelige Damenstift der Abtei Quedlinburg behilflich zu sein. Doch bald gesellten sich andere Sorgen hinzu. Ihr Bruder Philipp Christoph hatte in Hannover eine Affäre mit der Kurprinzessin Sophie Dorothee und war auf mysteriöse Weise verschwunden. Friedrich August und Königsmark kannten sich gut. Da lag es nahe, daß Aurora über ihn versuchte, Licht in das Schicksal ihres Bruders zu bringen. Die Angst um das Los Philipp Christophs gewann ihr das Herz Friedrich Augusts. Sie wurde seine Geliebte und vergaß für Monate Quedlinburg und ihren Bruder. Friedrich August verließ sie bald, um in Ungarn an den Feldzügen ge-

Aurora von Königsmark (Mitte), vorn rechts ihre Schwester Amalie von Löwenhaupt, links (Fatima) Maria Aurora Spiegel.

gen die Türken teilzunehmen. Bald sollte ihr zu Ohren kommen, daß der Kurfürst in Wien der Gräfin Lamberg den Hof machte. Aurora betrieb von da an ernsthaft ihre Aufnahme ins Stift der hochadeligen Damen.

So war es also kein Zufall, daß Moritz in der freien Reichsstadt Goslar zur Welt kam. Die alte Hansestadt lag nicht allzuweit von Quedlinburg entfernt, aber weit genug, um die teilweise altjüngferlichen

Damen nicht mit der Geburt eines unehelichen Kindes zu schockieren.

Moritz verbringt seine Kindheit abwechselnd in Sachsen, Polen und den Niederlanden. Die Erziehung überläßt Aurora – zwangsläufig – Hofmeistern, Kindermädchen und Lehrern. Sie ist inzwischen Koadjutorin in Quedlinburg und häufig in eigenen und kursächsischen Angelegenheiten unterwegs.

Wie keines seiner Halbgeschwister leidet Moritz unter der Illegitimität seiner Geburt. Durch Ehrgeiz und Leistung will »der Sohn eines großen Königs«, wie er sich selbst nennt, seine Ebenbürtigkeit beweisen. Die Krone Kurlands soll ihm dazu verhelfen.

Als die Wahl des kurischen Adels auf den Grafen von Sachsen fällt, ist dieser bereits kein Unbekannter mehr. August II., der die militärischen Neigungen seines Sohnes zeitig erkennt, gibt ihm mit dem Grafen Johann Matthias von der Schulenburg, einem hochbegabten Militär, den besten Lehrer an die Hand, den er finden kann. Nachdem der kleine Moritz jahrelang sämtliche Erzieher, seine Mutter eingeschlossen, mangels Lerneifers zur Verzweiflung gebracht hatte, übergibt August den gerade Zwölfjährigen der Obhut des in sächsischen Diensten stehenden Generals. Schulenburg führt 1709 ein sächsisches Kontingent nach Flandern, das August II. dem Kaiser im Spanischen Erbfolgekrieg überlassen hat. Moritz darf ihn begleiten. Er schreibt später in seinen Erinnerungen, die leider nur ein Fragment geblieben sind: »Er (Schulenburg) teilte mir im Namen des Königs mit, daß Seine Majestät aus mir einen Soldaten zu machen wünschte, – wofür ich ihm großen Dank schulde – und daß wir am anderen Morgen abreisen würden ... Ich war trunken vor Freude ... daß ich jetzt keinen Erzieher mehr haben werde ... Dann wurde ich zum König geführt, um seine Hand zu küssen ... Der König sagte zu Schulenburg: ›... Nehmen Sie ihn nur tüchtig ran, wie es sich gehört und ohne Schonung, das wird ihn abhärten. Für den Anfang lassen Sie ihn zu Fuß nach Flandern marschieren.‹ Dieses Vorhaben war nicht nach meinem Geschmack, aber ich traute mich nicht, etwas zu sagen ...«

In Schulenburg findet Moritz nicht nur den idealen Lehrer, sondern auch einen väterlichen Freund. Auf dem flandrischen Kriegsschauplatz lernt er die größten Feldherren dieses Krieges kennen: den Prinzen Eugen von Savoyen und den Herzog von Marlborough – und er erlebt die blutigste Schlacht des 18. Jahrhunderts: die Schlacht von Malplaquet. Wenn auch nur als Zuschauer dieses grauenvollen Gemetzels, das 40000 Tote und Verwundete auf der Walstatt ließ, hat Moritz doch seine Feuertaufe erhalten. Er ahnt nicht, daß ihm 34 Jahre später die Lehren, die er aus der Beobachtung dieser Schlacht zieht, den Rang eines Marschalls von Frankreich einbringen werden. Aus den Niederlanden zurückgekehrt, kämpft er bereits selbst in Pommern gegen die Schweden. Seine tollkühnen Husarenstreiche und seine mutigen Einsätze in vorderster Front machen ihm bald einen Namen.

Das Reichsvikariat im Jahre 1711 gibt August II. die Gelegenheit, seinen Sohn zu legitimieren. Er verleiht ihm den Titel eines Grafen von Sachsen und wählt für Moritz' Wappen den zehnfach schwarz- und goldquergeteilten Schild mit der Raute als Bastardfaden. Als persönliche Anerkennung für seine militärischen Leistungen erhält er ein Regiment, für das er – ein Ergebnis Schulenburgscher Erziehung – aufgeht. Um so erboster ist er, als im Zuge der Heeresreduktion von 1717 ausgerechnet sein Regiment dem Rotstift des Grafen Flemming zum Opfer fällt. Flemming beobachtet den jungen Aufsteiger mit Argusaugen. Hier drohte ihm Gefahr, der es zu begegnen galt. Das sächsische Heer besaß in jenen Tagen eine Gesamtstärke von 36 000 Mann, die größtenteils in Polen standen. Die Anwesenheit dieser Truppen war ein dauernder Zankapfel zwischen dem König und den Polen. Auf dem »Stummen Reichstag« von 1717 verpflichtete der Adel August II., die sächsische Armee in seine Erblande zurückzuführen. Flemmings Meinung dazu war, »daß durch die vielen Truppen das königliche Aerarium (Staatsbesitz) und das ganze Land ganz ruiniert würde«. Der König fügte sich dem Rat seines Feldmarschalls, wenn auch gegen seine Überzeugung, und reduzierte die Sollstärke auf 15 000 Mann.

Zwischen Moritz, der den Verlust seines Regiments nicht protestlos hinnimmt, und dem König, der dies nicht verhindert, kommt es zu einem derart heftigen Auftritt, daß August ihm mit Festungshaft auf dem Königstein droht. Im Innern verübelt er seinem temperamentvollen Sprößling diesen Zornesausbruch keineswegs. Wenn er ihm auch sein Regiment nicht wiedergibt, sorgt er doch dafür, daß Moritz seine militärische Ausbildung in Frankreich vervollkommnen kann.

Bevor Moritz nach Paris geht, muß er erst eine unerquickliche Angelegenheit endgültig bereinigen: seine Scheidung von Victoria von Loeben. Moritz ist knapp 16 Jahre alt, als der König beschließt, ihn zu verheiraten. Er wählt eine besonders reiche Partie, um den anhaltenden Geldverlegenheiten seines Sohnes abzuhelfen. Die Braut heißt Johanna Victoria Tugendreich von Loeben und ist die Erbin eines der größten Privatvermögen des Kurstaates. Mit Moritz als Ehemann macht August II. den Bock zum Gärtner! Das einzige, was den kriegerischen Bräutigam an seiner jungen Frau fasziniert, ist ihr Name »Victoria«. Die Ehe wird eine Katastrophe und endet in einer Aufeinanderfolge gegenseitiger Schuldzuweisungen und Verdächtigungen. Moritz verschwendet Victorias Vermögen in kürzester Zeit. Während sie schwanger ist, amüsiert er sich mit zahlreichen Affären. Der Sohn, den Victoria zur Welt bringt, lebt nur einige Monate. Was sollte Moritz jetzt noch mit Victoria?

Er meldet sich als Freiwilliger im Lager des Prinzen Eugen vor Belgrad, um den Türken den Garaus zu machen. 1721 wird Moritz' Ehe geschieden, gerade rechtzeitig, um mit leichtem Gepäck nach Paris zu gehen.

Moritz faßt im Paris der Regence schnell Fuß. Der Herzog von Orléans steht ihm von Anfang an wohlwollend gegenüber. Bereits am 9. August 1720 wird Moritz Maréchal de Camp. Dies entspricht dem Rang eines Brigadegenerals. Bald hat er wieder ein eigenes Regiment. Er bildet es so gut aus, daß der französische Militärtheoretiker, Chevalier Folard, schreibt: »Der Comte de Saxe ist einer der meistversprechendsten Kommandeure, denen ich je begegnet bin, und der nächste Krieg wird meine Prophezeihung als richtig erweisen.« Europa sehnt sich nach den zwei großen Kriegen der vergangenen beiden Jahrzehnte nach nichts weniger als nach neuen militärischen Konfrontationen. Moritz soll deshalb vorerst keine Gelegenheit erhalten, Folards Einschätzung beweisen zu müssen. Um so eifriger widmet er sich unter Folards Anleitung seiner Weiterbildung. Geometrie, Mechanik und Fortifikationskunst stehen plötzlich ganz hoch im Kurs. Doch wäre Moritz nicht der Sohn Augusts II., hätte er nicht neben dessen blendendem Aussehen auch des Königs unwiderstehlichen Charme und feinen Takt in die Wiege gelegt bekommen. Der Graf von Sachsen ist ein Herzensbrecher par excellence! In Paris liegt ihm die Damenwelt zu Füßen, quer durch alle gesellschaftlichen Schichten, ob Herzogin, ob Schauspielerin, zieht er sie alle in seinen Bann. Eine besonders intensive und für seine Verhältnisse lange Beziehung verbindet ihn mit Adrienne Lecouvreur, einer gefeierten Schauspielerin. Auch Anna, die Herzogin von Kurland, will, wenn überhaupt, nur mit Moritz von Sachsen den Thron des Herzogtums teilen.

Als sich Moritz um Kurland bewirbt, handelt er mit Wissen und Einverständnis seines Vaters. Als König von Polen durfte ihm August II. offiziell keine Unterstützung gewähren. Der Kurfürst von Sachsen hingegen hatte alle Möglichkeiten, die Landesregierung für Moritz' Pläne arbeiten zu lassen. Während Graf Flemming verschiedene Gutachten entwickelt, versucht der sächsische Gesandte in St. Petersburg, Le Fort, am Zarenhof eine Fraktion für Moritz aufzubauen. Die Chancen dafür stehen nicht schlecht. Im vergangenen Jahr war Peter I. gestorben. Seine Frau, die als Katharina I. den Zarenthron besteigt, zeigt sich den sächsischen Wünschen nicht abgeneigt.

Am 18. Mai 1726 ist es endlich soweit. Unter dem Vorwand, Erbansprüche seiner Mutter, der Gräfin Königsmark, auf die Insel Moen und einige Güter in Estland geltend machen zu wollen, steht Moritz' Abreise nach Petersburg bevor. Der Graf überfliegt noch einmal die Empfehlungsschreiben Augusts an den russischen Hof. Er steht gestiefelt und gespornt in seinem Gemach, als sich Graf Manteuffel anmeldet. Die Botschaft, die er überbringt, ist alles andere als ermutigend. August II. läßt Moritz mitteilen, daß er aufgrund des Widerstandes der Polen, insonderheit des Kron-Großkanzlers Szembeck, seinen Plänen die Zustimmung ebenfalls versagen müsse. Die Reise nach Rußland habe zu unterbleiben. Für Moritz heißt das klipp und klar: Der Traum vom Herzogtum ist zu Ende. Aber so leicht läßt sich ein Graf von Sachsen nicht von seinen Plänen abbringen! Schließlich war seinem königlichen Vater der Piastenthron auch nicht in den Schoß gefallen! Genauso wie dieser um Polen gekämpft hatte, wollte er es um sein Herzogtum tun.

Während Graf Manteuffel seine Ordre vorträgt, zieht Moritz in aller Seelenruhe seine Handschuhe an. »Ich habe versucht, in allem dem König zu gehorchen, aber wenn ich nicht abreise, ist alles für mich verloren«, sagt er entschlossen. »Deshalb werde ich es auch tun!« Sprachs und schließt hinter dem verdutzten Manteuffel die Tür. Der hört ihn noch auf der Treppe einigen Damen »Adieu!« zurufen. Im Hof des Sächsischen Palais erwartet Moritz bereits die Eskorte des litauischen Groß-Feldherrn Graf Pociey. Auf Drängen von dessen Frau, mit der Moritz eine leidenschaftliche Affäre hatte, unterstützt Pociey den Grafen. »Wer mich erwischen will, muß schnell sein!!!« lacht Moritz übermütig. Dann jagt er auf schnellen Pferden in die Nacht. August II. hatte sich bereits zur Ruhe begeben. Manteuffel sucht deshalb den Kurprinzen auf, um mit ihm die Lage der Dinge zu beraten. Friedrich August kann sich denken, daß er erst recht nicht imstande ist, seinen Halbbruder zurückzurufen, wenn schon der Befehl des Königs so wenig Eindruck auf ihn macht. Immerhin schreibt er ihm einige Zeilen, in denen er zur Besonnenheit und zum Gehorsam mahnt.

Moritz' Reise durch Kurland wird zum Triumphzug. Der litauische Groß-Feldherr, Graf Pociey, Angehörige der Magnatenfamilie Sapieha und der kurische Adel geben ihm bis Mitau, der Hauptstadt des kleinen Baltenstaates, Geleit. Sofort stellt man ihm ein Regiment Ulanen und Husaren zur persönlichen Verfügung. Am 28. Juni 1726 soll die Herzogswahl stattfinden. Auf Druck Polens hatte August II. den Kurländern verboten, den Landtag einzuberufen. Trotzdem kommen 32 Landstände nach Mitau, Moritz zu huldigen. Vier Tage vor der Wahl beschwert er sich bei seiner Mutter, daß »der König alles tat, mir einen Querstrich zu machen, aber er ist in seinem Herzen vollkommen zufrieden mit mir».

Zufrieden konnte Moritz auch über den Eindruck sein, den er auf Anna Iwanowna gemacht hatte. Er kam, wurde gesehen – und siegte! Er selbst beschreibt seine Wirkung auf sie so: »Was die Herzogin betrifft, so wird mir das Glück, ihr nicht zu mißfallen. Sie zeigt mir alle Zuvorkommenheit und hat selbst an die Zarin geschrieben, um zum zweiten Male durch mich Herzogin von Kurland zu werden.«

In Petersburg tobte hinter den Kulissen einstweilen ein Machtkampf zwischen Menschikoff, der selbst Herzog von Kurland werden wollte, und den Sympathisanten Moritz'. Le Fort hatte besonders unter den Damen Stimmung für ihn gemacht, so daß neben der Herzogin Anna nun auch Elisabeth Petrowna, Peters I. Tochter, es sich in den Kopf gesetzt hatte, den Grafen von Sachsen zu heiraten. Gleichzeitig teilte man ihm aus Petersburg mit, daß Menschikoff durch Bestechung versuche, den kurischen Adel für sich zu gewinnen. Dieser entscheidet sich am Wahltag einstimmig für Moritz und schickt die 50000 Rubel postwendend an die Newa zurück. Menschikoff schäumt! Er sendet einen russischen General sowie seinen Adjutanten nach Mitau. Als sie sich überzeugt haben, daß sie zu spät gekommen waren, verkünden sie drohend den bevorstehenden Einmarsch Menschikoffs und eines 12000 Mann starken Strafkorps. Le Fort rät Moritz dringend, endlich bei der Zarin um die Hand einer der beiden Großfürstinnen anzuhalten. Die Begeisterung der Damen für ihn sei so groß, daß alle Frauen »vor Freude nicht schlafen könnten«, seit sie die Nachricht von seiner Wahl zum Herzog von Kurland erhalten hätten. Aber Moritz war ein gebranntes Kind! Nach seiner gescheiterten Ehe war ihm die Lust zum Heiraten gründlich vergangen. Er betrachtete die Ehe als eine unnütze Last, ohne die es sich wesentlich leichter lebte. Seine Wahl war rechtlich unanfechtbar. Er brauchte also nur noch die Freundschaft der Prinzessin, nicht mehr ihre Hand. Daß ihn die Ehe mit Anna oder Elisabeth auf den Thron von Rußland geführt hätte, konnte sich selbst seine kühne Phantasie nicht ausmalen. – Der Ärger, den er sich damit einhandelt, läßt nicht lange auf sich warten. Zwei Tage nach der Ratifizierung der Wahlurkunde schickt Menschikoff den Fürsten Dolguroki nach Mitau. Dieser hat die Weisung, den Landtag nochmals einzuberufen und die Wahl annullieren zu lassen. Dulguroki kommt umsonst. Anna Iwanowna hofft noch immer auf Moritz' Antrag. Sie reist zu Menschikoff nach Riga und beschwört ihn, seine Hände von Kurland zu lassen. Vergeblich! Am 10. Juli 1726 trifft der ehemalige Günstling Peters I., den dieser vom analphabetischen Piroggenverkäufer und Herzensbruder (mit dem er sogar die Frau teilte) zum Fürsten erhoben hatte, mit einer Eskorte von 300 Dragonern in Mitau ein. Moritz schreibt über seine erste Begegnung mit ihm: »Es ist schwer für mich in Worte zu fassen, was ich bei ihm an Sturheit, Jähzorn und Ignoranz vorgefunden habe. Am schlimmsten aber ist sein Hochmut.« Alles in allem ein unsympathischer Zeitgenosse! Menschikoff steigt im Haus des russischen Gesandten Bestuschew ab, das sofort mit 60 Mann Wachen gesichert wird. Moritz hat keine Eile, den Rivalen zu begrüßen. Erst nach zwei Tagen erscheint er in Begleitung von zwölf Kutschen und großem Gefolge vor dem Haus des Gesandten. In der folgenden Verhandlung schenken sich beide nichts. »Menschikoff ist hier wie der Weltenrichter persönlich aufgetreten. Er war sehr überrascht … die Kurländer … so wenig auf ihren Vorteil bedacht zu sehen, daß sie die Ehre, von ihm regiert zu werden … zurückweisen …« teilt Moritz dem österreichischen Gesandten, Graf Rabutin, mit. Nachdem die Verhandlung ergebnislos verlaufen war, läßt Menschikoff seine Wut an den Vertretern des kurischen Adels aus. Er prügelt sie und droht ihnen mit der Verbannung nach Sibirien, wenn sie nicht binnen zehn Tagen die Wahl von Moritz zu seinen Gunsten annullierten. Andernfalls wolle er mit 20000 Mann wiederkommen und ihr Land heimsuchen, wie sie es schon im Nordischen Krieg erlebt hätten.

Der kurische Adel läßt sich nicht beeindrucken. Wahl sei Wahl. Man könne nichts mehr ändern, lassen sie ihn wissen. Menschikoff kehrt am nächsten Tag nach Riga zurück. Seine Wut über die ergebnislose Reise läßt er an den dortigen Ratsmitgliedern aus. Sie werden mit Ohrfeigen und Fußtritten traktiert.

Menschikoffs Vorgehen in Kurland gibt Moritz Gelegenheit, bei August II. dagegen zu protestieren. Gleichzeitig geht ein Beschwerdebrief an das russische Außenministerium. August II. findet jetzt endlich die Möglichkeit, etwas für Moritz zu tun. Unter dem Vorwand, Menschikoff habe mit seinem Auftritt in Kurland die Rechte der Republik Polen verletzt und die Allianz der beiden Höfe gestört, verwahrt er sich gegen derartige Einmischungen. In Petersburg besitzt Moritz noch immer gute Karten. Der rührige Le Fort gewinnt einflußreiche Familien des russischen Hochadels für ihn. Die Kaiserin Katharina I., die Großfürstinnen Anna und Elisabeth stehen ebenfalls auf seiner Seite. Menschikoff wird plötzlich ganz kleinlaut …

August II. gibt jetzt offen seiner Freude über Moritz' Erfolg Ausdruck: »Der Graf von Sachsen hat sich gegen meinen ausdrücklichen Wunsch in dieses Abenteuer gestürzt. Sei's drum! Jetzt, nachdem sich die Affaire soweit entwickelt hat, würde ich es mit Vergnügen sehen, wenn Moritz Erfolg hätte, vorausgesetzt, daß die Interessen der polnischen Republik nicht darunter leiden.« Moritz sieht sich bereits am Ziel seiner Wünsche, da schlägt am 8. September 1726 die Stimmung für ihn plötzlich um. Hochrangige Vertreter der Adelsrepublik beschuldigen die Kurländer des Hochverrats und laden sie vor den Reichstag nach Grodno. Moritz schickt daraufhin einige Abgeordnete nach Warschau, um die Differenzen vor dem Zusammentreten des Reichstages zu klären. Von dessen Beschlüssen erhofft und erwartet er seine Anerkennung als Herzog von Kurland.

Im Sächsischen Palais in Warschau beraten die Minister unter Vorsitz Flemmings in einer Krisensitzung, wie man die »Kurländische Affaire« zu einem, für alle Beteiligten erklecklichen, Abschluß bringen könnte. Seitdem vergingen einige Wochen, ohne daß sich die Gemüter beruhigt hätten. Moritz hält es für klüger, seine Interessen selbst in Grodno auszufechten. Am 1. Oktober 1726 erreicht ihn im litauischen Kowno ein Eilbote des Königs. Er untersagt ihm die Weiterreise zum Reichstag. Der polnische Adel hatte, wie zu erwarten, Augusts II. Vorschläge abgelehnt. Auf eine Kraftprobe mit den Polen will sich der König nicht einlassen.

Am 11. Oktober 1726 erhält Moritz ein königliches Schreiben, in dem es heißt: »Wir befehlen Ihnen aufs ernstlichste, das Gebiet Kurlands zu verlassen, um den Einwohnern jede Aussicht zu benehmen, unter Ihrem Einfluß den Rechten Unserer Krone zuwider etwas unternehmen zu können. Ferner die, zu Ihren Gunsten, behufs der Nachfolge in der Regierung des Herzogtums ausgefertigte Urkunde ... an Uns einzusenden, jeder Wahlberechtigung und anderen Ansprüchen an das Herzogtum Kurland und Semgallen zu entsagen … Überzeugt von Ihrer Uns schuldigen Ergebenheit, glauben Wir, nicht nötig zu haben, diesem Befehle für den Fall des Ungehorsams die Strafandrohung Unserer Ungnade beizufügen.« In einem Handbillet entschuldigt sich der König förmlich, als er schreibt: »Es tut mir leid, daß ich Sie um Ihre Urkunde bitten muß, aber ich will das Opfer später auf andere Weise gutmachen.«

Das Schreiben trifft Moritz wie ein Donnerschlag! Er hoffte, den Reichstag durch sein persönliches Auftreten für sich zu gewinnen. Nun geht es für ihn um die Frage: Ungehorsam gegen den König oder Preisgabe seiner Ehre? Moritz wählt die Ehre! Unter Erwähnung seines hohen Ranges im französischen Heer, »in dem man ehrloses Verhalten weder entschuldigen noch beschönigen oder verheimlichen kann«, müsse er seinen Weg gehen, den das Schicksal ihm vorgezeichnet habe, antwortet er seinem Vater.

In Grodno kommt es wegen Moritz doch noch zum Eklat. Ein Mitglied der sächsischen Familie von Dieskau hatte sich die Haare geschoren und sich, als Pole verkleidet, unter die Versammlung gemischt. Mit der Ausübung des »Liberum veto« wollte er den Reichstag sprengen und damit beschlußunfähig machen. Dieskaus Pech war, daß man ihn erkannte. Mit knapper Not entkam er den aufgebrachten Polen. Moritz beschreibt die Situation nachträglich so: »Die für mich sprachen hat man geschreckt. Die anderen haben geschrien und endlich tat der König alles, was die Republik wollte …« Diese beschließt am 8. November in aller Eile die Ungültigkeit der Wahl Moritz' zum Herzog von Kurland und bestimmt den Anfall des Landes an das Königreich. Die Kurländer beschuldigt man des Hochverrats, über Moritz spricht man den Bann aus. »Jetzt bin ich also geächtet und auf meinen Kopf ist ein Preis gesetzt. Gott sei mir gnädig, wenn man mich fängt! Ich glaube, man würde mir weniger Pardon geben als einem Wolf …« schreibt er dem Grafen Friesen, seinem Schwager, und seiner Mutter teilt er mit: »Man zwingt mich zu den Waffen zu greifen, ich nehme sie also auf. Doch solange meine Hände den Degen halten können, werde ich mich dessen bedienen, die mir zugefügte Schmach abzuwaschen …« Moritz beabsichtigt nicht, das Feld kampflos zu räumen. Aurora von Königsmark versetzt ihren letzten Schmuck, um Moritz zu unterstützen, Adrienne Lecouvreur ebenfalls. Sie schickt ihm 40 000 Taler, die Moritz nötig brauchen kann. Auch auf Rußland setzt er seine Hoffnung, zumal Le Fort noch immer zu seinen Gunsten tätig ist. August II. läßt in Petersburg wissen, daß ihm von den Polen die Hände gebunden worden wären. In Wahrheit sähe er lieber Moritz als irgend jemand anderen als Herzog von Kurland.

Der Reichstagsbeschluß vom Herbst droht in eine internationale Krise zu münden. Solange sich Moritz in Kurland aufhält, drängen die Polen August II., ihn zum Verlassen des Herzogtums aufzufordern. Die Aufforderung ergeht – Moritz bleibt! Le Fort untersagt man daraufhin jedes weitere Engagement für Moritz. Im Winter 1727 kommt es in Petersburg zu einem Stimmungswandel. Menschikoff hatte eine seiner Töchter mit dem Zarewitsch (Peter II.) verlobt. Eine weitere brachte er in der litauischen Magnatenfamilie Sapieha unter. Er hatte wieder Oberwasser und spielte sich als Herr Rußlands auf. Die

Kurländer scharen sich noch enger um Moritz und bestätigen seine Wahl nochmals. Es findet sich sogar jemand, der nach Warschau reist, den Landtagsbeschluß im Senat vorzulegen. In den Augen der Polen war das offene Rebellion. Moritz muß mit ernsten Schwierigkeiten rechnen. Eines seiner größten Probleme ist der ständige Geldmangel. Für Truppen und Ausrüstung benötigt er große Summen, die weder die Kurländer noch er in ausreichendem Maße besitzen. »Solange der Prinz nichts als Regierungsnachfolger ist, erhält er kein Einkommen. Der hiesige Adel ist unerhört karg», berichtet einer seiner Vertrauten an Aurora von Königsmark. Also muß Moritz die Mittel im Ausland beschaffen. Er reist nach Frankreich, verhandelt mit England, »um Hilfsgelder für mögliche kriegerische Maßregeln« zu beschaffen. Vergebens! Keine der Mächte will sich in zweifelhafte Engagements einlassen. Im Sommer kehrt er aus Westeuropa zurück. Da läuft eine neue Hiobsbotschaft für Moritz ein! Katharina I. ist gestorben!

Der Tod der Zarin bedeutet für ihn tatsächlich einen herben Schlag. Mit 20000 Talern in der Tasche, die er sich beim Bankier Lehmann geliehen hatte, eilt er nach Kurland zurück. Dieser lächerlich geringe Betrag sollte seine Kriegskasse sein, mit der er eine Armee anwerben und ausrüsten wollte. Noch war Moritz guten Mutes. »Ich versichere, wenn sich Menschikoff nicht einmischt, richten die Polen nichts aus, denn die Kurländer haben einen hohen Ton angeschlagen und die übrigen werden nie wagen, wider sie Gewalt zu gebrauchen. Sie halten für besser die Polen zu schonen, als sich den Russen zu ergeben, wohl wissend, daß ich wider jene immer

Rat schaffe, doch nicht gegen diese. Den Degen in der einen, die Protestation in der anderen Hand, kann noch alles gut werden.«

In Petersburg beabsichtigt der allmächtige Menschikoff, der kurländischen Affäre jetzt ein gewaltsames Ende zu bereiten. Er schickt den russischen General Lascy mit 8000 Mann nach Riga. Moritz erhält die Aufforderung, Mitau sofort zu verlassen, »ehe man ihn in eine Landschaft mit weiten Horizonten bringen werde«. Auch die Polen senden ein Korps Dragoner nach Kurland. Moritz bittet um 10 Tage Aufschub. Etwa 500 Soldaten und 12 Offiziere stehen zu seiner Verfügung. Die Mannschaft, teilweise Rekruten, hatte er in den Niederlanden angeworben. Lascy gewährt ihm statt der erhofften 10 Tage nur 48 Stunden! Gerade soviel Zeit für einen ehrenvollen Rückzug. Mit einer Fähre setzen Moritz und seine Männer auf eine Insel in der Ostsee über. Hier verschanzen sie sich. »Ich bin hier auf einer Insel, welche Sie auf Ihrer Landkarte nicht finden werden. Hier erwarte ich die Polen festen Fußes. Die Stellung ist gut. Nur wünschte ich, daß alle meine Leute angekommen wären«, schreibt er seiner Mutter. Statt der erwarteten Polen sind die Russen nach zwei Tagen da! Seinem kleinen Heer und ihm bleibt nur noch die Kapitulation. Am 19. August 1727 schwimmt Moritz mit seinem Pferd durch die See und entkommt nach Windau (Ventspils). Seine Männer ergeben sich Lascy.

Geblieben war ihm das Dokument seiner rechtmäßigen Wahl, das er wie seinen Augapfel hütet. Fortan nennt er sich auf allen amtlichen Dokumenten: »Erwählter Herzog von Kurland und Semigallia«. Dieser Titel findet sich auch auf seinem Denkmal in Straßburg. Den Anspruch auf Kurland hält er sein Leben lang aufrecht.

Bereits eine Woche nach Moritz' Kapitulation – der einzigen in seinem Leben – zieht der Bischof von Ermland mit 500 Dragonern in Mitau ein. Der kurische Adel huldigt ihm und annulliert die Wahl des Grafen von Sachsen. Kurland wird zur polnischen Provinz von russischen Gnaden.

Für den Grafen Moritz von Sachsen ist das kurländer Abenteuer nur ein Intermezzo. Der Weg zum Gipfel des Ruhmes steht ihm noch bevor.

Im Sommer 1730 nimmt Moritz als Gast seines Vaters am Zeithainer Lager teil. Die Reorganisation des sächsischen Heeres, die der König in den Jahren vor seinem Tod verfolgt, mag für ihn Anlaß gewesen sein, seine Gedanken hierüber schriftlich niederzulegen. Nach Paris zurückgekehrt, erkrankt er im November 1732 an Ziegenpeter. Er hat Fieber und wird zweimal zur Ader gelassen. In 13 schlaflosen Nächten verfaßt er seine berühmten »Mes Rêveries«, seine »Träumereien« von einer idealen Armee. Moritz' Auffassungen sind sensationell! Seine Gedanken umschließen die allgemeine Wehrpflicht mit Aufstiegschancen nach dem Leistungsprinzip ebenso, wie die Einführung zweckmäßiger Bekleidung, Erkennungsmarken, die Eiserne Ration und andere Neuerungen. Er beschreibt neue, von ihm selbst erfundene leichte Geschütze, die er »Les amourettes« nennt. Ihre Reichweite liegt um das Dreifache über den bisher in Gebrauch befindlichen. Er konzipiert revidierte Schlachtenordnungen und vieles mehr. Mit seinen »Träumereien« ist der Graf seiner Zeit weit voraus. Es mögen im Moritz die Worte seines Vaters, des Königs, nachhaltigen Niederschlag ge-

Graf Moritz von Sachsen, Marschall von Frankreich, 1748.

funden haben, die dieser bei der Planung des Zeithainer Lagers niederschrieb: »Die Vorfahren hatten unterschiedliche Grundsätze (bei der Kriegführung), die Modernen (d. h. die Zeitgenossen) haben sie wieder verändert und die Nachfahren finden vielleicht andere Verhältnisse in den Armeen und bei Manövern (vor) ...«

Moritz' »Mes Rêveries« werden erst nach seinem Tod veröffentlicht und finden einen sehr aufmerksamen Leser: Friedrich II. von Preußen. Moritz selbst schickt seinem Vater am 12. Januar 1733 ein Exemplar seiner »Träumereien«, »... eine Arbeit, die ich während meiner Krankheit über die Kriegskunst verfaßt habe«. August II. hat die »Träumereien« seines Sohnes wohl selbst nicht mehr lesen können. Denn als Moritz an jenem 12. Januar 1733 in Dresden diesen Brief schreibt, ist der König bereits auf dem Weg nach Polen ... Sie hatten sich nur um Stunden verfehlt.

Ausgerechnet der Tod August II. am 1. Februar 1733 in Warschau wird der Anlaß für einen neuen Waffengang zwischen Österreich und Frankreich. Der sächsische Kurfürst Friedrich August II. bewirbt sich erneut um die Krone Polens. Frankreichs Prätendent heißt Stanislas Lesczcynski. Moritz bietet dem kurfürstlichen Halbbruder sofort seinen Degen an. Friedrich August lehnt ab. Er wird es noch mehrmals tun und seine weniger talentierten Halbbrüder vorziehen ...

Obwohl der Kaiser die Sachsen nur halbherzig unterstützt, ist für Frankreich der Casus belli gegeben. Am 10. Oktober 1733 erfolgt die Kriegserklärung an Wien. Der Polnische Thronfolgekrieg bildet den Auftakt für eine Folge weiterer militärischer Auseinandersetzungen, die ihren Ursprung in der Rivalität zwischen den Häusern Habsburg und Bourbon haben. Eineinhalb Jahrzehnte kämpft Moritz von Sachsen erfolgreich für Frankreich gegen Kaiser Karl VI., Maria Theresia und die mit ihnen verbündeten Engländer, Hannoveraner und Niederländer. Sein Weg zum Marschall von Frankreich führt ihn über die Schlachtfelder von Böhmen, Süddeutschland und Flandern. Moritz wird der letzte große Heerführer Frankreichs. Sein Sieg von Fontenoy im Jahre 1745, über England und dessen Verbündete, besiegelt seinen Ruhm endgültig. Schwerkrank, mehr tot als lebendig, zog er in die Schlacht. Er selbst gab sich noch zwei Monate zu leben. Schon neigte sich die Schlacht zugunsten der Engländer und Hannoveraner, als Moritz »allein zu Pferde vorbeigaloppierte. Er sah mehr tot als lebendig aus, machte aber immer einen entschlossenen Eindruck«. Mit dieser Entschlossenheit schickte er den aus sächsischen in französische Dienste gewechselten Löwendahl mit seinem Regiment de Normandie und die übriggebliebenen Linienregimenter nach vorne zum großen, entscheidenden Angriff. »In den letzten qualvollen Stadien der Schlacht befand er sich in gleich bedauernswertem Zustand wie seine Soldaten. Als der König … herbeieilte, um den Mann zu beglückwünschen, der ihnen Leben und Pfründe gerettet hatte, fanden sie ihn in heftigen Schmerzen am Boden liegend, neben sich Sénac de Meilhan (seinen Leibarzt), der ihm den gelblichen Schaum von den Lippen wischte.«

Dem Sieg von Fontenoy schlossen sich die Siege von Rocoux und Laufeldt an. Louis XV. verleiht Moritz eine Auszeichnung nach der anderen, »indem sie seinen und seiner Nachkommen Rang so erhöhen, wie es seiner Geburt, dem ihm eigenen Vorzug, Bruder des Königs von Polen zu sein, entspricht und der Nachwelt all die hohen, in ihm vereinten Eigenschaften in Erinnerung rufen wird …« Louis XV. nennt ihn fortan »Mon Cousin«, eine Anrede, die üblicherweise nur einem Prinzen zusteht. Er schenkt ihm Schloß Chambord, eines der schönsten Schlösser Frankreichs, von dem man annimmt, daß es der große Leonardo da Vinci gebaut hat. Moritz erhält für seine Verdienste den Rang eines Maréchal général, eine militärische Würde, die bis dahin nur Turenne bekleidet hatte.

Moritz von Sachsen steht im Zenit seiner Laufbahn. Er ist nach Louis XV. der mächtigste Mann Frankreichs. Seiner sächsischen Heimat bleibt der Graf zeitlebens eng verbunden. Aus seiner einflußreichen Position zieht die Brühlsche Diplomatie so manchen Vorteil. Moritz stürzt Minister, wenn sie den sächsischen Interessen im Wege stehen. Seinem Einfluß ist es zuzuschreiben, daß Louis XV. die Einwilligung zur Ehe des französischen Dauphin mit Marie-Josèphe de Saxe, einer Tochter Augusts III. gibt. Die sächsische Prinzessin wird die Mutter der letzten drei Bourbonenkönige Louis XVI., Charles X. und Louis XVIII.

Moritz selbst heiratet nie wieder. Als ihn Madame de Pompadour einmal nach dem Warum fragt, antwortet er ihr, er habe nie einen Mann kennengelernt, den er sich zum Sohn gewünscht hätte, und nie eine Frau, deren Ehemann er hätte sein mögen. Die Marquise fand die Antwort reichlich ungalant.

Moritz' einzige Tochter, aus der Beziehung mit einer Schauspielerin, wird am französischen Hof unter der Obhut Marie-Josèphe de Saxes erzogen. Sie heiratet in erster Ehe einen illegitimen Sohn Louis' XV.

Berühmtheit erlangt seine Urenkelin, Maria-Aurora Dudevant. Sie ist bekannter unter ihrem Künstlernamen: George Sand. Ihre Beziehung mit Chopin schließt den sächsisch-französisch-polnischen Kreis. Die Nachfahren Moritz von Sachsens leben noch heute in Frankreich.

Der Maréchal de Saxe, wie man ihn in seiner

Schloß Chambord an der Loire.

Wahlheimat nennt, verbringt seine letzten Lebensjahre in Chambord. Der Prachtbau König Franz' I. zählt nach Versailles zu den imposantesten Bauten Frankreichs. Das Schloß besitzt 74 Treppenhäuser und 440 Gemächer. Nur Versailles ist prunkvoller und größer. Er richtet sich hier einen eigenen Hofstaat ein und lebt wie ein Grandseigneur. Louis XV. hatte ihm die in der Schlacht von Rocoux erbeuteten Geschütze geschenkt. Moritz läßt sie in Chambord aufstellen. Er baut Kasernen und läßt seine Regimenter exerzieren. Selbst eine eigene Schauspielertruppe fehlt in seinem Hofstaat nicht.

35 Jahre seines Lebens verbrachte Moritz von Sachsen auf europäischen Kriegsschauplätzen. Das Lagerleben ruinierte seine Gesundheit. Er leidet an Niereninsuffizienz. Das 18. Jahrhundert nennt es »Wassersucht«. Die behandelnden Ärzte verschlimmern seinen Zustand eher, als daß sie ihm helfen. Am 30. November 1750 stirbt Moritz von Sachsen in Chambord. Seine letzten Worte lauten: »Das Leben ist ein kurzer, schöner Traum.«

Als man Louis XV. den Tod des Grafen von Sachsen meldet, weint er. Frankreich ehrt den protestantischen Ausländer Moritz von Sachsen mit einem Staatsbegräbnis in der Thomaskirche zu Straßburg. Ein Denkmal, vom berühmten Bildhauer Pigalle geschaffen, zeigt den lebensgroßen Maréchal de Saxe in das geöffnete Grab hinabsteigend, den Marschallstab in der Hand. Eine weinende Frauengestalt, die das trauernde Frankreich symbolisiert, versucht, den Tod mit dem Stundenglas abzuwehren. Am Boden liegen die zertrümmerten Feinde: der britische Tiger, der habsburgische Adler und der flandrische Löwe mit ihren Fahnen und Standarten. Herkules, auf seine Keule gestützt, versinnbildlicht Moritz' legendäre Körperkraft. Am Fuß des Monuments weisen sein Wappen und der Orden vom Weißen Adler auf seine Herkunft hin.

Moritz von Sachsen war nicht nur der begabteste Sohn Augusts II., er war ihm auch optisch und charakterlich am ähnlichsten. Er erbte von ihm die Phantasie, den Kunstsinn und die Kraft. Moritz zerbrach Hufeisen wie Zwieback und drehte Hufnägel zu Korkenziehern. Von der Natur mit geistigen und körperlichen Vorzügen ausgestattet, versuchte er den »Makel« seiner Geburt durch eigene Leistung wettzumachen. Er tat es nie auf Kosten anderer. Obwohl er in seinem Leben die Brutalität des Krieges tausendfach erlebte, verrohte er nicht. Sein Ziel war es stets, den Gegner zu besiegen, nie zu vernichten. Die einfachen Soldaten galten ihm nicht als Kanonenfutter, denen man die Frage an den Kopf werfen durfte: »Hunde, wollt ihr ewig leben!?«, wie dies Friedrich II. tat. Moritz von Sachsen handelte nach

Grabdenkmal Moritz von Sachsens in der Thomaskirche zu Straßburg.

der Devise, daß es für jeden gefallenen Soldaten 20 Jahre bedurfte, ehe man ihn wieder ersetzen konnte. Der Graf zeichnete sich durch persönliche Tapferkeit, militärische Weitsicht und strategische Begabung aus. Als Mensch bezauberte er mit seiner Liebenswürdigkeit und seiner Herzlichkeit jedermann. Der Wunsch, eine Krone zu besitzen, begleitete ihn sein Leben lang. Nach dem Frieden von Aachen 1748 trug er sich mit der Absicht, auf der Insel Madagaskar ein Königreich zu gründen und die Insel Tobago besiedeln zu lassen. Er wollte sie zu einem französischen Militärstützpunkt ausbauen. Seine

Pläne unterblieben, da Louis XV. Irritationen mit England befürchtete.

Moritz von Sachsen war der Liebling der Frauen von Paris bis St. Petersburg. Er war eben der Sohn Augusts des Starken, illegitim – und doch ebenbürtig.

FRIEDRICH AUGUST RUTOWSKI

Der Feldmarschall von Mittelmaß

»MEINE Schwester (Maria Aurora v. Königsmark) hat mir heute die Maria Aurora (Fatima Spiegel) geschickt … Vor ihrer Abreise hat sie sich ihr Horoskop stellen lassen. Man verheißt ihr Glück bei ihrem Unternehmen. Sie soll … nur eine kleine Schicksalsungunst auf ihrer Reise zu fürchten haben, nämlich die, daß sie schwanger von ihrer Reise heimkehren könnte. Über diesen Umstand haben wir viel gelacht, und die arme Maria Aurora ist darüber in einer Bestürzung, welche eine üble Vorbedeutung zu sein scheint. Sie sinnt indes auf tausend Mittel sich zu sichern – und wenn man hier ein italienisches Schloß (Keuschheitsgürtel) hätte finden können, hätte sie die Ausgabe dafür nicht gescheut«, lautet ein amüsierter Brief Amalie Gräfin Löwenhaupts vom 22. Oktober 1697 aus Dresden an ihren Mann. (Fatima) Maria Aurora sollte dieses (Miß-) Geschick auf jener Reise nach Polen diesmal noch nicht ereilen. Erst im Jahre 1702 erfüllte sich die besagte Prophezeiung, denn am 19. Juni desselben Jahres brachte sie einen Sohn zur Welt, den sie Friedrich August taufte.

Etwa um 1700 herum heiratete (Fatima) Maria Aurora den Akziserat Johann Georg Spiegel, Augusts II. ehemaligen Kammerdiener. Der König schätzte Johann Georg nicht nur seiner zuverlässigen Verschwiegenheit wegen, sondern auch ob seines Talentes als Finanzmann. Spiegel fühlte sich durch die königliche Ehestiftung durchaus geehrt, und solange August II. Sohn und Tochter nicht legitimierte, betrachtete er die Kinder seiner Frau als seine eigenen.

Der junge Friedrich August lebte mit seinen Eltern und seiner Schwester in Lemberg, bis ihn der König zur weiteren Ausbildung nach Paris schickte. Er kam gerade zur richtigen Zeit nach Frankreich. Die Regierung des Herzogs von Orléans brachte dem Land eine Liberalisierung in Politik und Gesellschaft. Die Erstarrung der letzten Regierungsjahre Louis' XIV. wich einem optimistischen Lebensgefühl. Das Rokoko klopfte an die Tür.

Friedrich August befand sich in Paris in bester Gesellschaft, denn er traf seinen Bruder Moritz und entschloß sich, wie dieser das Kriegshandwerk zu erlernen. In Dresden sah man diese Entscheidung nicht ungern. Friedrich August wurde im Sommer 1722 nach Sachsen-Polen zurückgerufen. Der König, mit der Entwicklung des Sohnes nicht unzufrieden, gab ihm nun den Namen Rutowski, und zwei Jahre später, am 19. September 1724, legte er ihm das Grafendiplom dazu. Friedrich August konnte gerade noch an der Hochzeit seiner Schwester mit dem Grafen Bielinski teilnehmen, ehe ihn der König zur Vervollkommnung seiner Ausbildung nach Turin schickte. Rutowski fand am savoyischen Hof eine überaus freundliche Aufnahme. Dies lag nicht zuletzt daran, daß er in Begleitung des Conte Castelli, eines Piemontesen, reiste, der den sächsischen Gesandtschaftsposten in Turin übernehmen sollte. Gleichzeitig hatte Castelli die Aufgabe, in Italien Gemälde anzukaufen.

Friedrich August Rutowski
(1702–1764).

Rutowski erhielt im Sommer 1725 den Rang eines Obersten und das Regiment Piemont, dessen Ausbildung er sich mit Hingabe widmete. Sein Eifer erlahmte aber bald, denn er hätte den sardischen Dienst viel lieber mit dem französischen vertauscht, besonders als er erfuhr, daß sein Halbbruder Moritz einen Käufer für sein Regiment suchte, um freie Hand für Kurland zu haben. In Dresden war man darüber anderer Ansicht. Da sich das Wohlwollen Augusts II. für seinen Sohn in klingender Münze auszahlte, fügte sich Friedrich August schließlich. Trotzdem liefen am Hof ständig Beschwerdebriefe über den »undankbaren Dienst« ein.

Mit seinem Regiment erwarb sich Rutowski bald einen guten Ruf. Auch bei Hofe und in der Turiner Gesellschaft galt er als weltgewandter »hônnete cavalier«. Rutowski führte ein überaus aufwendiges Leben. Die Kosten für sein Regiment und seinen Haushalt überstiegen ein Mehrfaches von dem, was ihm der König bewilligt hatte. August II. blieb nichts anderes übrig, als die Schulden seines Sohnes, die sich auf etwa 24000 Gulden beliefen, zu begleichen und die Apanage aufzustocken. Schließlich sollte Rutowski im Ausland standesgemäß auftreten können.

Seine Bitten, den.Dienst wechseln zu dürfen, rissen indes nicht ab. Selbst der französische Botschafter wurde bemüht. Dieser versicherte, »daß sein König ein wahres Vergnügen daran hätte, dieses Regiment (Moritz von Sachsens) dem Grafen Rutowski zu bewilligen, sogar mit dem Rang, den der Graf von Sachsen bekleidet«.

Statt der erhofften Erlaubnis traf aus Warschau die Nachricht von der lebensgefährlichen Erkrankung

Augusts II. in Bialystock ein. Rutowski brach auf der Stelle seinen Turinaufenthalt ab, um nach Polen zu reisen.

Der König befand sich bereits auf dem Weg der Genesung, als Rutowski am 5. März 1727 in Warschau eintraf.

August II. freute sich sehr, seinen Sohn wiederzusehen, und überraschte ihn mit der guten Nachricht, den sardischen Dienst mit dem sächsischen vertauschen zu dürfen. Am 26. März 1727 beförderte ihn der König zum Obersten der Garde du Corps und zum Generalmajor der Kavallerie. Er erhielt die Stelle des Conte Castelli, den August II. in Ungnade aus dem sächsischen Dienst entlassen hatte.

Rutowski reiste noch einmal zu einem Abschiedsbesuch nach Turin. Zurückgekehrt, begann seine militärische Laufbahn in der sächsischen Armee.

Friedrich August Graf Rutowski war der einzige Sohn Augusts II., der zu diesem Zeitpunkt einen Rang im sächsischen Heer bekleidete. Halbbruder Moritz unternahm in Kurland den letzten Versuch, sein Herzogtum gegen die heranstürmenden Russen zu verteidigen, Johann Georg de Saxe, den er erst vor Monaten in Turin kennengelernt hatte, lebte auf Malta, und Graf Cosel war gerade 15 Jahre alt.

August II. wandte sich nach seiner Genesung verstärkt der Reorganisation seines Heeres zu, denn »die Untätigkeit und der Müßiggang nach einer Friedenszeit von 15 oder 16 Jahren schaden den Truppen. Die Generale, Offiziere und Soldaten vergessen in dieser Zeit ihr Metier. Die alten sterben ab und die neuen machen in Friedenszeiten Karriere, ohne praktische Erfahrung gesammelt zu haben …« resümierte er.

Vorbild bei seinem Vorhaben war sein preußischer Nachbar Friedrich Wilhelm I., dessen gut gedrillte Armee zwar nie marschierte, aber ein nicht zu unterschätzender Machtfaktor im internationalen Kräftespiel war.

Im Februar 1728 traf Friedrich Wilhelm I. zum Staatsbesuch in Sachsen ein. Ein Ergebnis dieses Besuches war die Aufnahme Rutowskis ins preußische Heer. August II. und der Compatron Friedrich Wilhelm I. verstanden sich so gut, daß der Preuße keine Bedenken hegte, den Grafen in die letzten Geheimnisse des preußischen Exerzierreglements einweihen zu lassen. Am 19. März 1729 bat August II. den preußischen König um die Entlassung Rutowskis. Die Vorbereitungen für das Zeithainer Lager warfen ihre Schatten voraus.

Während Graf Rutowski in Potsdam Exerzieren übte, kehrte sein Bruder Johann Georg de Saxe aus Malta zurück. In den folgenden Monaten beteiligten sich die Brüder maßgeblich an der Reorganisation des sächsischen Heeres, um dessen Ausbildung sich Rutowski große Verdienste erwarb. Manches wurde vom preußischen Nachbarn übernommen. Rutowskis Stolz waren zwei Grenadierbataillone, die aus überdurchschnittlich großen Leuten, den »Langen Kerls« bestanden. Als die Freundschaft zwischen Sachsen und Preußen zu Bruch ging, bereute Friedrich Wilhelm I. seine Großzügigkeit und rief erbost: »Die Canaille (Rutowski) hat uns alles abgestohlen!« In Zeithain war er noch ganz anderer Meinung. Er schwärmte »von der außergewöhnlichen Genugtuung ...«, die er empfand, »Zeuge von den schönsten Bewegungen der schönen Armee« gewesen zu sein, die er »in der besten Ordnung der Welt« ge-

Grenadiere der Regimenter Rutowski und Promnitz, um 1732.

funden habe. Er beteuerte, »eine fortwährende Erinnerung für sein ganzes Leben und große Anerkennung darüber zu bewahren«.

Mit dem Eintritt des Grafen Rutowski und des Chevalier de Saxe in die sächsische Armee begann eine Parallelität ihrer Lebenslinien. 1734 kämpfte Rutowski wie sein Bruder vor Danzig, um Monate später als Volontär unter Prinz Eugen am Rhein zu stehen. Als Sachsen 1737 bis 1739 Kaiser Karl VI. gegen die Türken ein Hilfskorps von fünf Kavallerie- und vier Infanterieregimentern zur Verfügung stellte, nahm Rutowski im Rang eines Generalleutnants am Ungarnfeldzug teil. 1738 zurückgekehrt, wurde er zum General der Kavallerie und zum Kommandanten der 1200 Mann starken sächsischen Truppe ernannt, die August III. in Polen unterhalten durfte. Im selben Jahr gründete er in Dresden die erste Freimaurerloge.

Im Ersten Schlesischen Krieg zog er an der Spitze der sächsischen Armee Anfang Mai 1741 nach Böhmen. Unter seinem Oberbefehl stehen der Chevalier de Saxe und Graf Cosel. Gemeinsam beteiligen sich die Brüder unter der Führung Moritz von Sachsens an der erfolgreichen Erstürmung Prags. Das Jahr 1741 bringt Rutowski eine stattliche Anzahl Beförderungen: Er wird Gouverneur der Festungen Dresden, Königstein, Sonnenstein und Stolpen, Oberster Haus- und Landzeugmeister, Chef und Kommandant der Leibgarde und der sächsischen Garde in Polen.

Die persönliche Tragik im Leben des Friedrich August Grafen Rutowski beginnt mit dem böhmischen Feldzug von 1742. Am 19. Januar kommt Friedrich II. nach Dresden, um mit August III. über die Überlassung der sächsischen Armee in Böhmen zu verhandeln. Graf Brühl kann ein Vieraugengespräch der beiden Könige nicht verhindern. Friedrich II. erhält den Oberbefehl über die Sachsen. Graf Moritz von Sachsen kolportiert das Geschehen so: »Der Wolf (Friedrich II.) bittet den Schäfer (August III.), ihm seine Hunde (die sächsische Armee) zum Schutz der Herden (Sachsen) zu überlassen«. Den Befehlen des preußischen Wolfes haben sich Rutowski und de Saxe unterzuordnen. Rutowski ist ein tüchtiger General und tapferer Soldat, aber zum Feldherrn fehlt ihm der große Wurf. Hinzu kommen eine gewisse Langsamkeit im Denken und Umständlichkeit im Handeln. Indolenz nennen es die Zeitgenossen. Der Böhmenfeldzug wird für die sächsische Armee zum Desaster. Die Ruhr grassiert unter den Soldaten. Die Truppen, in der Nähe von Iglau stationiert, leiden unter Verpflegungsmangel. Moritz rät seinem Bruder, sich mit seinen Soldaten nach Prag zurückzuziehen. In einem Brief an den Grafen Brühl beklagt er sich, daß Rutowski sich in seiner Ruhe nicht stören lasse und »nicht genügend Nervenstärke besäße, handfeste Entscheidungen zu treffen«. Trotz seiner Interventionen kann Moritz nicht verhindern, daß Friedrich II. mit 30 000 Sachsen – ohne Verpflegungsdepots, ohne Verbindung mit dem Hinterland und mit der Festung Brünn im Rücken – gegen die Taya vorstößt. Moritz von Sachsen, der als einziger Manns genug ist, sich dem Preußenkönig zu widersetzen, jagt einen Kurier nach Dresden … Seine Botschaft an Brühl lautet kurz und bündig: »Wir haben keine Armee mehr!!!«

Zwischen Friedrich II., Rutowski und de Saxe kommt es immer öfter zu Kontroversen. Rutowski entzieht sich nach mehreren fruchtlosen Diskussionen mit dem Preußenkönig seiner Obhutspflicht für die Sachsen und übergibt das Kommando seinem Bruder de Saxe. Dann kehrt er nach Dresden zurück. Auch der Chevalier hält es unter dem Befehl Friedrichs nicht lange aus. »Es ist der Hunger, der der erste und größte Feind ist, den wir haben. Neipperg und Lobkowitz zusammengenommen, sind nur der zweite«, klagt er in einem Brief. Aus Protest gegen die Machenschaften Friedrichs legt auch er den Oberbefehl über die halbverhungerten, dezimierten sächsischen Truppen nieder. Der Herzog von Sachsen-Weißenfels führt ihre traurigen Reste nach Sachsen zurück.

Das Jahr 1745 beginnt als Jahr der Diplomaten. Am 8. Januar kommt in Warschau ein Vertrag zustande, dem neben Österreich und Sachsen auch Großbritannien und die Generalstaaten angehören. Er bringt Sachsen die dringend benötigten Subsidien. Die diplomatischen Erfolge Brühls werden bereits zwei Wochen später durch den Tod Karls VII. und Monate danach durch die Pannen des unfähigen Karl von Lothringen, der die sächsisch-österreichischen Truppen gegen Friedrich II. führt, schwer erschüttert. Trotz zahlenmäßiger Überlegenheit der Verbündeten gehen die Schlachten von Hohenfriedberg und Soor verloren. Seit Mai 1745 bereitet Friedrich II. einen Einfall in Sachsen vor. Es ist wie immer seine Lieblingsidee, sich am reichen Kurfürstentum schadlos zu halten und seine 170000 Mann auf Kosten des Nachbarn durchzufüttern. Die preußische Staatskasse weist ein Defizit von 4,5 Millionen Talern auf. Zur Durchführung seiner Absichten beauftragt er Leopold von Anhalt-Dessau, 22 Bataillone und 50 Eskadrons im Raum Halle zu konzentrieren. Friedrich II. Angriffslust wird nur von seiner Angst vor Rußland gedämpft. Überschreitet er die sächsischen Grenzen, ist für St. Petersburg der Bündnisfall gegeben!

Der Herbst zieht ins Land. Mit ihm steigt Friedrichs Hoffnung, daß die bevorstehende kalte Jahreszeit große Truppenbewegungen der Russen verhindert – und eine russische Offensive im Schnee stecken bleibt.

Die sächsische Generalität arbeitet in jenen Wochen einen genialen Feldzugsplan gegen Friedrich II. aus. Am Ende scheitert dessen Durchführung am mangelnden Schneid des Herzogs von Sachsen-Weißenfels, der im letzten Augenblick sein Konzept selbst infrage stellt. Es kommt zu einer lautstarken Auseinandersetzung zwischen Brühl und Weißenfels. Brühl ist empört! Er würde wieder einmal das außenpolitische Porzellan kitten müssen, denn der Bündnispartner Österreich ist bereits eingeweiht. Der Herzog legt den Oberbefehl nieder, aus Gesundheitsgründen, wie er sagt. Sein Nachfolger ist Rutowski. An fähigen Militärs ist die Auswahl nicht groß.

Der Graf steht im 43. Lebensjahr. Er ist an praktischer militärischer Erfahrung nicht besser und nicht schlechter als sein Halbbruder Johann Georg de Saxe. Es ist der Altersunterschied von zwei Jahren, der Rutowski den Oberbefehl einträgt.

Am Kalender hat man den 13. Dezember 1745 aufgeschlagen. Friedrichs II. Truppen stehen seit zwei Wochen in Sachsen. Der Dessauer nahm am 30. November Leipzig und marschiert in Richtung Dresden. Ganz nebenbei kassieren die Preußen von

Leipzigs Bürgerschaft 2 Millionen Taler Kriegskontributionen. Außerdem hat der Rat der Stadt 330 Rekruten für den »großen König« auszuheben. In Torgau fallen ihnen die Magazine in die Hände. In Meißen ebenfalls. Man hatte vergessen, sie in Sicherheit zu bringen! Friedrich II. befindet sich im Raum Kamenz-Königsbrück. Er wagt nicht, seine Stellung zu verlassen, weil er um die Verbindungen nach Schlesien fürchtet und Berlin decken will. Als er von Schlesien aus einrückte, machte er den Görlitzern die Freude, seine Kriegskasse mit 100 000 Gulden auffüllen zu dürfen. Sofort erhebt er von der übrigen sächsischen Bevölkerung hohe Geldabgaben. In Meißen zwingt er Porzellanarbeiter, nach Preußen auszuwandern, und in Großschönau ereilt 270 Damastweber das gleiche Schicksal. Zwangsaussiedlung nennt man das auf Neudeutsch.

In Dresden herrscht Krisenstimmung. Rutowski muß feststellen, daß nirgends Vorkehrungen für die Versorgung der Armee getroffen wurden. Eine Schlamperei des Generalstabs. Lähmend auf die Stimmung wirkt sich die Negativansicht des Herzogs von Weißenfels aus, Sachsen stehe sowieso auf verlorenem Posten.

Am Nachmittag des 13. Dezember konzentrieren sich die ersten sächsischen und österreichischen Truppen in der Gegend um Kesselsdorf. Mit erheblicher Verspätung erscheinen Prinz Karl von Lothringen und Fürst Lobkowitz zum Kriegsrat. Karl versammelt das österreichische Heer beim Großen Garten. Er selbst hat sein Quartier in Zehista. Zuerst schockiert er Rutowski mit der Nachricht, daß die österreichische Artillerie noch in Böhmen steht, zum zweiten fehlt es ihm an Lebensmitteln. Rutowski stellt ihm das Dresdner Zeughaus zur Verfügung. Viktualien mögen sich die Verbündeten in den Dörfern requirieren.

Am Morgen des 14. Dezember reiten der Herzog von Weißenfels, Rutowski und de Saxe aus, den Feind zu rekognoszieren. Am Nachmittag trifft sich Rutowski noch einmal mit Karl vor Kesselsdorf.

Am 15. Dezember 1745, etwa gegen 14 Uhr, beginnt die Schlacht. Rutowski, jederzeit mit dem Angriff der Preußen rechnend, hatte Karl in der Nacht zweimal Botschaften überbringen lassen, die vereinbarten Positionen zu beziehen. Karl von Lothringen läßt sich Zeit – zuviel Zeit! »Die Lage ist hoffnungslos, aber nicht ernst.« Dieser Spruch aus dem Österreich des 19. Jahrhunderts könnte von ihm stammen.

Zwei Angriffe schlagen die Sachsen ab. Der dritte löst Panik aus. Das Kräfteverhältnis zwischen Sachsen-Österreich und Preußen ist annähernd gleich. 30000 Preußen stehen 31000 Verbündete gegenüber. Die Sachsen haben sogar 12 Kanonen mehr. Auch das Schlachtfeld wurde vom sächsischen Generalstab ausgewählt. Trotzdem endet die Schlacht mit einer totalen Niederlage. Innerhalb von zwei Stunden decken 8846 tote und verwundete Preußen, Sachsen und Österreicher das Feld. Rutowski verfügt am Ende noch über 16500 Mann.

Die Truppenverbände fluten nach Dresden zurück. Um die Verwundeten kümmert sich niemand. Wer es nicht von selbst schafft, sich zu einer menschlichen Behausung zu schleppen, erfriert in jener eiskalten Dezembernacht.

Am Abend des Unglückstages halten die sächsischen und österreichischen Militärs noch einmal Kriegsrat über das, was man hätte tun oder besser nicht tun sollen. Jetzt war auch endlich Prinz Karl von Lothringen mit seinen 20 000 Mann erschienen, auf die man seit Tagen gehofft hatte. Rutowski will von einem weiteren Angriff auf Friedrich II. nichts wissen. Er führt die sächsische Armee nach Böhmen ins Winterquartier. Am 18. Dezember zieht Friedrich II. in Dresden ein und wählt Rutowskis Palais auf der Kreuzgasse zum Aufenthalt.

Nach der Schlacht bei Kesselsdorf beginnt die Arbeit der Diplomaten. Der Dresdner Frieden vom 25. Dezember 1745 beendet den 2. Schlesischen Krieg. Sachsen zahlt u. a. 1 Million Taler an Preußen. Von diesem Geld wird 1744 – 1752 das Potsdamer Stadtschloß erbaut. –

Am 11. Januar 1749 erhält Rutowski seine Ernennung zum Generalfeldmarschall der sächsischen Armee. – Und doch wiederholt sich 1756 alles noch einmal!

Das Heer, auf die Stärke von 17 000 Mann reduziert, ist nicht ausreichend gerüstet. Die Österreicher kommen wie immer zu spät. Die Generalkriegskasse enthält nicht einmal 4000 Taler für die ersten Mobilmachungsmaßnahmen. Schließlich gibt August III. das Geld aus seiner Privatschatulle. Rutowski selbst verfaßt in den Tagen vor Ausbruch des Siebenjährigen Krieges vier Promemoria, in denen er feststellt, daß »alle diese Bedürfnisse ... keineswegs in gehörigem sogleich brauchbarem Stande (sind). Mit einem Worte, der ganze Militair-Etat ist durch die Reductiones und wirtschafftlichen Einrichtungen nach und nach so dürfftig, gering und immobil gemacht worden, daß man in einer dem Jahre 1744 ähnlichen Situation ...« sei. Es drängt sich die Frage auf, warum er und sein Halbbruder de Saxe als ranghöchste Militärs es in den abgelaufenen zehneinhalb Jahren unterlassen haben, die Armee in kriegstüchtigem Zustand zu halten.

Moritz von Sachsen erklärte einmal, er hätte mit einer Streitmacht von nur 40000 Mann ganz Polen unterwerfen können. Es ist dies der Unterschied zwischen Genialität und Mittelmaß.

Der sächsische General Graf Vitzthum, Sohn des Jugendfreundes Augusts II., mit Rutowski verwandtschaftlich verbunden, entwirft eine bezeichnende Charakteristik des Generalfeldmarschalls. Kurz nach der Kapitulation bei Struppen schreibt er: »Wer ihn (Rutowski) kennt, muß wohl gestehen, daß sein redliches und uneigennütziges Herz kaum seinesgleichen hat. Sein guter gesunder Verstand läßt ihn jederzeit die Dinge sehen, wie sie sind. Wollte er nur seinen ersten Eindrücken und Entschließungen folgen und wüßte er sie nur durchzusetzen, so würden seine Unternehmungen glücklicher ausfallen. Leider aber läßt sich dieser General von den Leuten, so bei ihm sind, und ihm einiges Attachement zeigen, leiten, da sein Trieb zur Arbeit mäßig, die gute Meinung, die er vermöge seines Temperaments von den Leuten hat, maßlos, ein Argwohn gegen deren Ehrlichkeit bei ihm nicht aufkommen kann, so überläßt er ihnen die Besorgung der wichtigsten Sachen, wenn sie ihm nur mündliche und oftmals nur wahrscheinliche Rapporte abstatten. Auch gibt er ihnen zuletzt nach, wenn sie heftig gegen seine Meinung streiten, nur um ihrer Importunität überhoben zu sein.«

Rutowskis Schuld am miserablen Zustand der sächsischen Armee liegt nach Meinung der Generale darin, seine Stellung als Feldmarschall nur ungenügend für die Heeresinteressen genutzt zu haben.

Den Siebenjährigen Krieg erlebt Rutowski als Privatmann, teils in Schönwölkau, teils in Dresden und Pillnitz. Nach dem Frieden von Hubertusburg und der Rückkehr Augusts III. nach Sachsen legt der Graf alle seine Chargen nieder. Er stirbt am 16. März 1764 im Alter von 62 Jahren in Schloß Pillnitz. Sein Leichnam wird vier Tage später im Kloster Marienstern beigesetzt.

Friedrich August Graf Rutowski hatte keine Nachkommen. Er heiratete 1739 die Fürstin Lubomirska, eine Enkeltochter des Grafen Friedrich Vitzthum von Eckstädt. Sein einziger Sohn aus dieser Ehe starb 1755 mit 15 Jahren an den Blattern.

Rutowski hinterließ bei seinem Tod einen gewaltigen Schuldenberg, der von der sächsischen Staatskasse übernommen wurde. Den Umgang mit Geld hatte keiner der Söhne Augusts II. gelernt.

Die Genealogischen Nachrichten widmeten ihm folgenden Nachruf: »Er nahm den Ruf mit ins Grab, daß er ein großer Menschenfreund gewesen und Niemandem leichtlich nach Art der Kriegsbefehlshaber Gewalt und Unrecht gethan. Er stellte eine ansehnliche Person für, sah seinem großen Vater sehr ähnlich und gab sowohl einen guten Kriegs- als Hofmann ab.«

JOHANN GEORG DE SAXE

Malteserritter wider Willen

IM Frühsommer 1704 trifft in der Kanzlei des Statthalters Anton Egon von Fürstenberg ein merkwürdiger Brief des Königs ein. »Nachdem die Zeit der Entbindung der Cron-Cämmerin, der Fürstin von Teschen, sich annähert und man auf alle Fälle die Vorsorge zu nehmen hat, so haben Wir Ew. Liebden Commission gnädigst ertheilen wollen, daß wann gedachte Frau Cron-Cämmerin ein unglückliches Kindbette haben, und sie gar sterben sollte, Ew. Liebden sofort alle Ihre Kasten und Schränke mit Ihren Pretiosis, Briefschaften und Sachen versiegeln, und solche nach der Versiegelung in das grüne Gewölbe bringen lassen möge …«

Es sind dies nicht die Zeilen eines besorgten, in seine Favoritin verliebten Fürsten. Eher beschreiben sie in ihrer sachlichen Nüchternheit das Ende einer Beziehung, für deren offizielle Beendigung nur noch der Anlaß fehlt. Der Brief, den der König aus Polen an seinen Statthalter sandte, geht noch weiter. Unauffällig möge sich Fürstenberg bei Augusts Leibmedicus Bartholomäi nach dem Gesundheitszustand Ursula von Teschens erkundigen und ihr alle Hilfe, die die Schwangere benötige, zukommen lassen. Für den Fall der glücklichen Entbindung solle Fürstenberg der Fürstin in Augusts Namen als Präsent eine Perlenkette überreichen.

Am 21. August 1704 tritt jenes glückliche Ereignis

in Dresden ein. Ursula Katharina von Teschen hatte dem König seinen vierten Sohn geboren. Auf Wunsch Augusts erhält er den traditionsreichen Namen Johann Georg.

Der Anlaß für die endgültige Trennung von Ursula Katharina sollte sich bald finden. Zum Neujahrsempfang in Leipzig 1704 lernt August II. die schöne Frau seines Finanzministers Hoym kennen. Anna Constantia stellt sich dem König selbst vor. August ist von ihrer Schönheit und diesem Selbstbewußtsein entzückt. Eine Abkühlung im Verhältnis zu Ursula Katharina bewirkt aber in erster Linie die politische Entwicklung jener Tage. Am 14. Februar 1704 erklärt der Kardinalprimas Michael Radziejowski, ein Onkel Ursulas, August II. als König von Polen für abgesetzt. Unter dem Druck der schwedischen Waffen wird am 2. August 1704 in Warschau der farblose Woiwode von Posen, Stanislas Leszczynski, zum neuen König ausgerufen. August II. kehrt Ende November 1704 nach Sachsen zurück. Wenig später begegnet er Frau von Hoym von neuem. Während der Kämpfe in Polen entschwand sie seinem Gesichtskreis. Ab und zu, wenn er mit Hoym in Warschau verhandelte, erinnerte er sich an jene flüchtige Begegnung. Jetzt in Dresden sieht er sie wieder. Der Hof, für den die polnische Mätresse nach dem Thronverlust längst kein Aktivposten mehr ist, sorgt dafür, daß sich August und die Freifrau von Hoym ungestört näherkommen können. Als die Finanzministersgattin den König im folgenden Jahr zur Kur nach Karlsbad begleitet, ist für Ursula Katharina von Teschen das Maß voll. Sie kehrt zu ihrer Familie zurück. Ihr Sohn Johann Georg begleitet sie.

Johann Georg de Saxe
(1704–1774).

Die Unsicherheit um die Zukunft ihres Kindes – noch hatte August keinen seiner illegitimen Söhne anerkannt – mag die Fürstin bewogen haben, sich nach einer chancenreichen Laufbahn für Johann Georg umzusehen. Sie entscheidet sich, den Sechsjährigen für den Malteserritter-Orden erziehen zu lassen.

Der Sturz der Gräfin Cosel veranlaßt Ursula Katharina, ihren bisherigen Wohnort Breslau zu verlassen und nach Sachsen zurückzukehren. Schnell wird sie wieder ein Mittelpunkt der Dresdner Gesellschaft. Das Verhältnis zu August ist problemlos. Der König sieht in ihr nur noch eine gute alte Freundin, mit der ihn lediglich die Sorge um die Zukunft ihres gemeinsamen Sohnes verbindet. Baron von Loën, ein Großonkel Goethes, besucht 1718 den sächsischen Hof. Er schreibt über seine Begegnung mit der Grande Dame: »Ich habe alle berühmten Liebhaberinnen des Königs gesehen. Die erste war die Gräfin Königsmark … Sie und die Fürstin von Teschen hatten beide von der galanten Welt … ihren Abschied bekommen. Sie erschienen jetzo nur noch als zwey philosophische Zuschauerinnen, denen die Höflichkeit wegen dem traurigen Verlust ihrer vormaligen Annehmlichkeit noch mit ihrem Witz und ihrer starken Vernunft zu schmeicheln suchte.«

Für Johann Georg beginnt 1718 der Ernst des Lebens. Er wird auf Reisen geschickt. Der König stockt dafür die Apanage seines Sohnes beachtlich auf. Johann Georg wurde im katholischen Glauben erzogen. Für August II. ergibt sich die günstige Gelegenheit, durch die Aufnahme seines Sohnes ins Jesuitencollège in Rom dem Papst seine Ernsthaftigkeit mit dem neuen Glauben unter Beweis zu stellen. Er gibt deshalb bereitwillig seine Zustimmung, Johann

Ursula Katharina Lubomirska, Fürstin von Teschen (1680–1743).

Georg für den geistlichen Stand zu prädestinieren. Wenige Wochen nach seinem 14. Geburtstag reist der Chevalier de Saxe in Begleitung eines Paters nach Rom. Das Collège in der Ewigen Stadt ist ein weltoffenes Internat. Die jungen Adligen kommen aus ganz Europa. Sie geben dem ehrwürdigen Haus internationales Flair. Unter der Leitung mehrerer Professoren erhalten sie eine humanistische Bildung, die mit der Erziehung zum hônnete homme ergänzt wird. Die jungen Herren lernen Tanzen, Reiten, Fechten und üben sich in weiteren ritterlichen Sportarten. Das Jesuitencollège ist kein Kloster. Zwar müssen die Internatsschüler im Hause Abbékleidung tragen, für den häufigen Ausgang steht ihnen jedoch ihre Zivilkleidung zur Verfügung. Johann Georg nutzt diese Gelegenheit für häufige Besuche in der römischen Gesellschaft. Seine Herkunft als Sohn Augusts II. öffnet ihm so manche Tür. Zahlreiche hohe Kurienmitglieder zählt er zu seinen Gönnern.

Johann Georg ist kein besonders guter Schüler. Wie seinem Vater, dem König, und seinem Bruder Moritz liegt ihm das Studieren ganz und gar nicht. Der sächsisch-polnische Resident in Rom, Baron Puchet, informiert Ursula Katharina und August II. regelmäßig über die Leistungen des Sohnes. 1721 berichtet er, daß »er in diesem Jahr gar keinen Nutzen aus den humanistischen Studien gezogen ..., während er alle anderen Schüler in den Exerzitien Tanz und Waffenhandwerk in den Schatten stellte ...« August II. wendet sich unterdessen an den Papst mit der Bitte, die Aufnahme Johann Georgs bei den Maltesern zu unterstützen. Der Vatikan erwies sich dem sächsischen Hof gern gefällig. Hoffte man doch mit jedem Entgegenkommen, den König seinerseits zu Zugeständnissen für den Katholizismus in Sachsen zu verpflichten.

Im Frühjahr 1724 darf der Chevalier de Saxe in einer Audienz beim Heiligen Vater das Großkreuz des Malteser-Ordens in Empfang nehmen. Aufgrund eines päpstlichen Breves wird er in die Ordensritterliste der Malteser aufgenommen. Sie berechtigt ihn zum offiziellen Tragen der Ordenszeichen. Johann Georgs Lust am Studieren kommt mit dem Eintritt seines Bruders Moritz in französische Militärdienste endgültig zum Erliegen. August II. bringt, scheinbar aus eigener Erfahrung heraus, ein gewisses Verständnis dafür auf, denn er gestattet seinem Sohn, Rom zu verlassen und in Begleitung eines neuen, weltlichen Erziehers den Hof von Luneville in Lothringen zu besuchen. Das Herzogtum besitzt einige hervorragende Universitäten, die neben wissenschaftlichen Fächern auch Kriegskunst lehren. Hier soll Johann Georg eine, seinen Neigungen entsprechende, Ausbildung erhalten.

Herzog Leopold heißt den Chevalier de Saxe und seine Begleitung in seiner Hauptstadt und an seinem Hof herzlich willkommen. Johann Georg fühlt sich im schönen Lothringen so schnell zuhause, daß er sich um alles, nur nicht um seine Studien kümmert. Er ist bei den Hoffesten Hahn im Korb, Gast bei den Jagden und im turbulentesten Karnevalsgetümmel zu finden. Am Hof des Herzogs frönt man mit Leidenschaft allen Arten von Glücksspielen. Johann Georg gerät schnell in ihren Bann ... Er verspielt hohe Summen. Bevor er sich versieht, ist er hoch verschuldet. Die Ermahnungen seines Erziehers verschlimmern die Situation ... Johann Georg droht zum Spieler zu werden. Er verbringt seine Zeit nur noch zwischen Tanz, Jagd und Spieltischen. Hilferufen gleich, bittet sein Erzieher, sie beide nach Sachsen zurückzuholen.

In Dresden ist man nicht geneigt, diesen Bitten zu entsprechen. Die Fürstin Teschen fürchtet, eine Rückkehr Johann Georgs an den Hof seines Vaters würde seine Abneigung gegen den geistlichen Stand noch weiter verstärken. Graf Flemming unterzieht sich der Aufgabe, den Fürsten von Beauvau-Craon zu bitten, dem Chevalier nahezulegen, von sich aus nach Malta zu reisen und die, bei den Malteserrittern üblichen, Galeerenzüge gegen die Türken zu absolvieren. Da er bereits im Besitz des Großkreuzes sei, könne er nicht anders in den Genuß der Ordenspfründe kommen. Flemming bittet den Fürsten, diese Ermahnungen de Saxe nicht durch seinen Erzieher übermitteln zu lassen. Es sei zu befürchten, daß der Mißerfolg sonst von vornherein feststehe. Der Fürst fand wohl die richtigen Worte, denn er schreibt Flemming über den erfolgreichen Ausgang seiner Mission, daß sich Johann Georg den Befehlen des Königs unterordnen wolle, obwohl er eine unüberwindliche Abneigung gegen Malta habe. Sie gehe soweit, daß er nicht einmal mehr das Ordenskreuz tragen wolle. Aber seine Einsicht um die völlige Abhängigkeit vom Willen des Königs veranlaßten ihn, sich dessen Willen zu fügen.

Der Chevalier war erwachsen geworden. Das stolze, unbändige Temperament hatte sich am Hof von Luneville abgeschliffen. Er war nicht mehr wiederzuerkennen.

Im Frühjahr 1726 heißt es vom eleganten Lothringer Hof Abschied zu nehmen. Er fällt dem Chevalier nicht leicht, denn er läßt viele Freunde zurück. Dem rollenden Reisewagen winkt so manches feuchte Taschentuch nach …

Die Reise führt durch die Schweiz nach Piemont. Von Turin rollt die Kutsche entlang der fruchtbaren Poebene gen Parma. Johann Georg lernt die berühmten Universitätsstädte Modena und Bologna kennen. Auf den Straßen der Romagna geht die Fahrt durch die Toskana und Umbrien nach Rom. Jeder Aufenthalt, der ihn seinem Ziel näher bringt, wird für de Saxe zum willkommenen Aufschub. Schließlich gelangen die Reisenden mit der Postkutsche nach Neapel. Johann Georg bringt während der ganzen Reise wenig Interesse für die Sehenswürdigkeiten Italiens auf. Malta lastet wie ein Alp auf ihm! In Neapel besteigen er und sein Begleiter eine Feluke, die sie nach 38stündiger Überfahrt in Messina von Bord läßt. Nach weiteren 20 Stunden auf See erreichen sie in Augusto auf Sizilien die Flotte der maltesischen Ritter.

Die Überfahrt nach Malta gestaltet sich schwieriger als erwartet. Widrige Winde hindern die Flottille am Auslaufen. Als man nach sechs Tagen endlich die Anker lichtet, erschüttert Neptun mit seinem gewaltigen Dreizack das Meer. Nach einem schweren Unwetter kommt der Chevalier de Saxe auf Malta an. Für Johann Georg, der von einem der glanzvollsten Höfe Europas kam, mochte das Eiland der geistlichen Ritter das Ende der Welt bedeutet haben. »Ich bin also in diesem traurigen Aufenthaltsort angekommen ...« schreibt er einem guten Bekannten nach Rom.

Das steilküstige Felseneiland erhebt sich hoch aus dem stürmischen Meer. Malta zeigt sich dem Ankommenden von seiner freundlichsten Seite. Die üppige mediterrane Vegetation, duftende Rosenbüsche, prallvolle Zitrus- und Feigenbäume breiten sich in verschwenderischer Fülle über die Insel. Auf einer Landzunge aus kalkigem Fels, inmitten eines Naturhafens, liegen die Ziele der Reise: La Valetta und der Palast des Großmeisters.

Der Malteserritter-Orden besitzt die Insel seit dem Jahr 1530. Kaiser Karl V. schenkte sie ihm, nachdem die Ritter von den Türken aus Rhodos vertrieben worden waren. Die wehrhaften geistlichen Herren bauten Malta zur Festung aus. Ihr besonderes Augenmerk galt den arabischen Piratenflotten, die die Seewege des Mittelmeeres immer wieder verunsicherten.

Johann Georgs Begleiter läßt ihre Ankunft beim Großmeister des Ordens melden. Zunächst waren einige zeremonielle Fragen zu klären. Der sächsische Hof wünschte einen unauffälligen Empfang, was man in Malta mit einiger Verwunderung zur Kenntnis nimmt. Man entschließt sich, das neue Ordensmitglied wenigstens mit einer Musketensalve aus den vor Anker liegenden Galeeren zu begrüßen, die von den Geschützen der Festung beantwortet wird. Ein Schildknappe des Großmeisters begleitet die Kutsche Johann Georgs zum Palais des Ordenschefs, der den Chevalier zur Audienz empfängt. Obwohl man ihn herzlich aufnimmt, glaubt de Saxe nicht, daß sein Aufenthalt angenehm wird. Er kann sich auf Malta nicht eingewöhnen!

Die Ritter des Großkreuzes besitzen eigene Palais und zahlreiches Personal. Es stehen ihnen ein Hausmeister, ein Koch, zwei Kammerdiener, mindestens zwei Chaisenträger, ein Kurier und ein Portier zur Verfügung. Die Apanage Johann Georgs von jährlich 12000 Talern reicht für einen solchen Haushalt nicht aus. Deshalb drängt August II. darauf, seinen Sohn das Ordensgelübde ablegen zu lassen, das ihn zur Ehelosigkeit verpflichtet. Gleichzeitig sichert ihm der König damit reiche Pfründe. De Saxe ahnt von diesen Absichten noch nichts.

Die heiligen Ritter rüsten gerade zu ihrer neuen »Karavane« gegen die Ungläubigen. Als Träger des Malteser-Großkreuzes ist Johann Georg von einer

Teilnahme an diesen Seezügen befreit. Ein Brief des Königs verpflichtet ihn, auf dieses Privileg zu verzichten.

Mitte August 1726 geht er an Bord eines Schiffes auf große Fahrt. Zunächst segelt man die Südküste Siziliens entlang nach Sardinien. Von Cagliari aus passiert die Flotte Mallorca, Ibiza und Formentura, bis die Reisenden in Alicante für einige Stunden spanischen Boden betreten. Entlang der Küste kommen sie nach Malaga und passieren die Meerenge von Gibraltar. An der Algarve begegnen ihnen zum erstenmal Piraten. Der Vizeadmiral der Malteserflotte vermeidet ein Aufeinandertreffen und nimmt Kurs auf Cádiz. Nach einem Vierteljahr auf See kehrt Johann Georg nach Malta zurück.

In Sachsen waren die Würfel über seine Zukunft gefallen. August II. hatte sich endgültig für den Eintritt seines Sohnes in den Dienst des Ordens entschieden. Dem Großmeister wurde die undankbare Aufgabe zuteil, Johann Georgs Widerwillen gegen die Unwiderruflichkeit des Gelübdes zu überwinden. Der Chevalier de Saxe sah wohl die Aussichtslosigkeit seines Widerstandes ein, der ihm angesichts der Weltabgeschiedenheit seines Aufenthaltsortes nur eine Verschlechterung seiner Lage einbringen würde. Finanziell von der Gnade des Königs abhängig, fügte er sich in das Unabänderliche.

Im Sommer 1728 rüsten die Malteser zu einem Kriegszug gegen die Türken. Auch Johann Georg nimmt daran teil. Nach seiner Rückkehr legt er am Tag Johannes des Täufers das Ordensgelübde der Malteser-Ritter ab.

Das Jahr 1728 bringt für ihn eine weitere Veränderung seines Lebens. August II. beginnt mit einer

Heeresreform in Sachsen. Er braucht tüchtige Offiziere, die Neuerungen aufgeschlossen sind und militärische Erfahrungen einbringen. Die Ordensregeln gestatten es de Saxe, die Insel zu verlassen und fremde Dienste anzunehmen. Im Oktober 1728 ruft ihn der König nach Sachsen zurück.

Als Vierzehnjähriger hatte Johann Georg seine Heimat verlassen. Nach zehn Jahren betritt er sie wieder, als weltgewandter Kavalier und erprobter Militär. In Sachsen hatte sich vieles verändert. Im Frühjahr war Graf Flemming während einer diplomatischen Mission in Wien gestorben. Seine rechte Hand, der Innen- und Finanzminister, Graf Watzdorf, zog sich aus den Geschäften zurück. Ein Generationenwechsel begann sich zu vollziehen. Aus Frankreich hatte man den talentierten, eleganten Grafen Hoym abberufen und mit Watzdorfs Ressort betraut. Heinrich von Brühl verdiente sich seine ersten erfolgreichen Sporen mit einer Finanzrevision des Flemmingschen Vermögens. Alexander Joseph Sulkowski, der Jugendfreund des Kurprinzen, strebte nach militärischen Ehren.

Im Frühjahr 1729 beginnt der König mit der Rekrutierung der sächsischen Armee. Sie wird neu eingekleidet, neu bewaffnet und nach neuen Exerzierreglements ausgebildet. Im Herbst reist August in einer Tour de raison durch Sachsen, um sich vom Stand der Dinge zu überzeugen. Für den Frühsommer des kommenden Jahres ist die große Heerschau geplant.

Johann Georg ist inzwischen zum Obersten der sächsischen Armee mit eigenem Dragonerregiment avanciert. Aus seiner Niederlausitzer Garnison rückt es Mitte Mai 1730 ins Campement bei Rade-

Das Zeithainer Lager, 1730.

witz ein. August II. mustert von morgens bis abends die einzelnen Regimenter und übt mit ihnen schwierige Bewegungen ein. Die vier Eskadrons der Chevalier de Saxe-Dragoner mit ihren 562 Pferden erhalten ihre Stellung auf dem linken Flügel der zweiten Front. Am 3. Juni 1730 »exerzierten die Dragoner vor den Majestäten zu Pferde und zu Fuß ...« Die Truppen führen noch weitere Formationen und Marschbewegungen durch, bis gegen abend naßkaltes Wetter dem Exerzieren ein Ende setzt. August II. und Friedrich Wilhelm I. hatten sich einen grippalen Infekt geholt und müssen einige Tage das Bett hüten.

Das Zeithainer Lager ist ein Höhepunkt in Johann Georgs militärischer Karriere. In den beiden folgenden Jahren exerzieren die Truppen nochmals vor den Augen des Königs. 1731 in der Nähe von Ujazdow und 1732 im Campement von Cerniaków. August II. hatte binnen kürzester Zeit eine schlagkräftige Armee aufgebaut. Seine Söhne nahmen darin oberste Chargen ein. »Ein solches Heer dient der Erhaltung des Friedens«, lautet das Motto der letzten großen Truppenschau. Dieses Leitmotiv ist als Warnung an die widerstrebenden Polen und an die europäischen Mächte gerichtet, sich nach dem Tod des Königs nicht in die inneren Angelegenheiten der Adelsrepublik zu mischen. August II. weiß genau, daß es nach ihm für seinen Sohn nicht leicht wird, die Krone Polens zu erwerben.

Bereits Ende 1732 unterzeichneten Friedrich Wilhelm I., der kaiserliche Gesandte Graf Seckendorff und der russische Diplomat Löwenwolde in Wusterhausen einen Vertrag, daß der Piastenthron dem Infanten von Portugal zufallen sollte. In Polen selbst gibt es eine starke Anhängerschaft für Augusts alten Rivalen Leszczynski. Der Machtkampf zwischen Friedrich August II. und den Anhängern Leszczynskis bringt es mit sich, daß der Chevalier de Saxe mit seinen Dragonern nach Polen einrückt. Im Polnischen Thronfolgekrieg stehen sich abermals deutsche und französische Heere am Rhein gegenüber. Der Chevalier de Saxe, Graf Rutowski, Graf Sulkowski und eine Reihe weiterer sächsischer Offiziere reisen nach Heidelberg ins Hauptquartier des Prinzen Eugen, der noch einmal den Oberbefehl über die kaiserlichen Truppen übernommen hat. Das Jahr ist bereits zu weit fortgeschritten, als daß größere militärische Operationen zu erwarten sind. Auf französischer Seite kommandieren der gleichfalls betagte Marschall Villars, Prinz Eugens Gegner aus den Tagen des Spanischen Erbfolgekrieges, und im Rang eines Generalleutnants Graf Moritz von Sachsen. Nachdem die Festungen Kehl und Philippsburg in französische Hand gefallen sind, schleppen sich die Kampfhandlungen lustlos dahin. Johann Georg erhält nur ein einziges Mal Gelegenheit, einen Angriff der Franzosen auf das Augustinerkloster Clausen bei Trier erfolgreich abzuschlagen.

Der, vordergründig um Polen, geführte Krieg findet auf diplomatischem Parkett seinen endgültigen Abschluß. Im Oktober 1735 vergleichen sich Frankreich und Österreich dahin, daß Louis XV. die Ansprüche seines Schwiegervaters auf Polen preisgibt und damit August III. rechtmäßig anerkennt. Stanislas Leszczynski wird mit dem Herzogtum Lothringen entschädigt, das aber in Wirklichkeit an Frankreich fällt. Der Erbe Lothringens, Franz Stephan, erhält die Hand Maria Theresias und als Morgengabe die Toskana. Im Gegenzug garantiert Frankreich die Pragmatische Sanktion.

Der Frieden auf dem Kontinent hat nicht lange Bestand. Rußland verstärkte durch den Polnischen Thronfolgekrieg sein politisches Gewicht in Europa. Es wendet sich jetzt gegen die Türkei. Für Österreich und Sachsen ist damit der Bündnisfall gegeben. Unter dem Kommando des Grafen Sulkowski ziehen der Chevalier de Saxe mit seinen Dragonern sowie die Grafen Rutowski und Friesen mit Teilen der sächsischen Armee in die weiten Ebenen Ungarns. Hier erleben die Generale die böse Überraschung, daß die kaiserliche Armee seit dem Tod des Prinzen Eugen in ihren alten Schlendrian und ihre Unfähigkeit zu handeln zurückgefallen ist. Nicht nur, daß sich die, von Prinz Eugen immer wieder geschlagenen, Türken gegen die Russen behaupten, vor allem die österreichischen Truppen und mit ihnen das sächsische Kontingent erleben eine Niederlage nach der anderen. Wegen der schlechten Versorgung brechen unter den sächsischen Soldaten Krankheiten aus, so daß »das Regiment des Chevalier de Saxe quasi ohne Offiziere ist, und nur von einem Oberst kommandiert wird. Alle anderen Obersten sind ebenfalls krank …« schreibt Sulkowski an den Grafen Brühl. Die geschwächten sächsischen Soldaten werden von den Österreichern so rücksichtslos eingesetzt, daß Sulkowski darüber mit dem kaiserlichen General Khevenhüller in eine Auseinandersetzung gerät. Sie endet damit, daß der Graf den Oberbefehl an Rutowski abtritt und aus Protest nach Sachsen zurückkehrt. Die Kämpfe gehen unvermindert weiter. Der Chevalier de Saxe und sein Halbbruder schlagen sich mit den ihnen anvertrauten Truppen tapfer, aber erfolglos. Die Kaiserlichen stecken derartige Rückschläge ein, daß sich Johann Georg über die »allgemeine Misere« heftig beklagt. Glücklicherweise nimmt die Hofburg die diplomatische Vermittlung Frankreichs an. So kann am 1. September 1739 der Frieden von Belgrad geschlossen werden.

Im Februar 1740 kehrt der Rest des sächsischen Hilfskorps aus Ungarn zurück.

Ein Jahrzehnt war seit dem großen Campement von Zeithain vergangen, bei dem die Armee Augusts II. ihre Leistungsfähigkeit unter Beweis gestellt hatte. Während Friedrich Wilhelm I. in diesen Jahren nicht einen einzigen Mann marschieren ließ, mußten sich die sächsischen Truppen in Polen, am

Rhein und in Ungarn schlagen. Das sächsische Heer umfaßte 1740 eine Sollstärke von 20000 Mann. Die Truppen wieder auf die alte Gefechtsstärke aufzustocken, erwies sich als schwierig. Zahlreiche Vorrechte standen dagegen. So waren die Bergleute aufgrund der wirtschaftlichen Bedeutung des Montanwesens von jeher vom Wehrdienst befreit. Bereits 1737 bis 1739 war es zu Unruhen im Freiberger Revier gekommen.

Die kurze Friedenszeit bis zum Ausbruch des 2. Schlesischen Krieges benutzt der Chevalier zur Aufstellung eines neuen Reitercorps. Am 4. Mai 1743 stirbt seine Mutter, die Fürstin Teschen, in Dresden. Nach dem Tod des Herzogs von Würtenberg, den sie 1722 heiratete, lebte sie in ziemlicher Zurückgezogenheit in der Residenz. Der Herzog fiel 1734 bei Gustalla im Dienst der kaiserlichen Armee. Johann Georg erbt von ihr eine stattliche Rente, die seine latenten pekuniären Schwierigkeiten deutlich lindern.

Während des 2. Schlesischen Krieges operiert de Saxe in Böhmen. Aufgrund der zahlenmäßig überlegenen Preußen gelingt es ihm nicht, nennenswerte Erfolge zu erzielen. Da er nicht unter dem Oberbefehl seines Bruders Rutowski dienen will, der den selben Rang innehat wie er, kehrt Johann Georg nach Dresden zurück. Hier verbringt er die Jahre bis zum Ausbruch des Siebenjährigen Krieges. Nach der Kapitulation von Struppen lebt de Saxe wieder in der Landeshauptstadt. Bei der Bombardierung Dresdens durch Friedrich II. im Jahr 1760 wird auch sein Palais am Zeughaus, das spätere Kurländer Palais, stark beschädigt. Etwa einen Monat nach dem Hubertusburger Frieden erhält der Chevalier de Saxe seine Ernennung zum Oberkommandierenden der sächsischen Armee. Dem Rang nach wäre dieses Amt Rutowski zu übertragen gewesen. Aber dieser kränkelt seit längerem. Einer Reorganisation des Heeres fühlt er sich nicht mehr gewachsen.

Es mag auf eine Anregung des Grafen Brühl zurückgegangen sein, Maria Theresias fähigsten General, den Freiherrn von Laudon, für Sachsen zu gewinnen. Johann Georg erhält aus Warschau die Ordre, mit Laudon zu verhandeln. Der Feldzeugmeister zeigt sich interessiert, der Dienstwechsel scheitert jedoch an Verfahrensfragen. Der Chevalier de Saxe nimmt die Heeresreform nun selbst in Angriff. Es kommt allerdings mit dem Administrator, Prinz Xaver, zu anhaltenden Differenzen, so daß sich Johann Georg nach und nach ins Privatleben zurückzieht.

Mit dem Ende des Siebenjährigen Krieges nimmt auch das Augusteische Zeitalter seinen Abschied. Eine Epoche geht zu Ende. Neue Persönlichkeiten betreten die politische Bühne. Über Johann Georg beginnt die Zeit hinwegzugehen. Er kann, wie so viele in Sachsen und in Polen, den Bruch der 66jährigen Union nicht verwinden. Es waren fast zweieinhalb Menschenalter, die sie zum Nutzen beider Länder gehalten hatte. Zahlreich sind die familiären und freundschaftlichen Bande, die sich in den Jahrzehnten entwickelt und gefestigt haben, und schmerzlich ist der Bruch der Union für alle Betroffenen. Es gibt in beiden Ländern Gruppierungen, die eine Fortsetzung dieser Union wünschen.

Auch der Chevalier de Saxe unterhält Kontakt zu diesen Kreisen. Er macht aus seiner Abneigung gegen die Russen, auf deren Druck Stanislas Poniatowski 1764 zum König von Polen gewählt wird, kein Hehl. Der russische Gesandte interveniert daraufhin beim neuen Kurfürsten Friedrich August III. Johann Georgs Beziehungen zu seinem neuen Landesherrn sind ohnehin nicht die besten. Er zieht sich nun endgültig aus der Öffentlichkeit zurück. Am 30. Januar 1770 legt er alle offiziellen Ämter nieder und behält nur den Titel eines Feldmarschalls.

Seine letzten Lebensjahre verbringt er in Gesellschaft seiner Schwester, der Gräfin Moszynska. Sie ist die einzige, mit der er noch von der guten alten und glanzvollen Zeit plaudern kann. Auch der französische Gesandte schaut ab und an bei ihm vorbei. Johann Georg lebt als der letzte Grandseigneur des Augusteischen Zeitalters in Dresden. Das zur Bürgerlichkeit neigende Dresden schmunzelt manchmal über ihn, wenn er mit seiner kostbaren, alten Equipage durch die Residenz fährt. Aber man zollt ihm auch Respekt und nennt ihn ehrfurchtsvoll Seine Durchlaucht, den Prinzen Chevalier de Saxe.

Am 25. Februar 1774 stirbt Johann Georg an »Gelb- und Wassersucht« im Alter von 69 1/2 Jahren. Er war von den Söhnen Augusts II. am ältesten geworden.

Seinen Besitz vermachte Johann Georg seiner Schwester, der Gräfin Moszynska. Um das Erbe kam es zwischen der Gräfin und dem Malteserritterorden bald zu einem Prozeß, der zugunsten des letzteren ausging.

Der Chevalier de Saxe fand seine letzte Ruhestätte auf dem Alten Katholischen Friedhof in Dresden. Auf Anregung des Malteserordens setzte man ihm zehn Jahre nach seinem Tod ein Denkmal, das über seinem Grab errichtet wurde.

Das Monument ist durch die Zeit stark verwittert.

Wer den Weg auf den historisch interessanten Friedhof findet – er liegt gegenüber dem Friedrichstädter Krankenhaus –, kann es noch heute sehen.

Die Inschrift lautet:

JOHANN GEORGE CHEVALIER DE SAXE
SR. CHURFL. DURCHL. ZU SACHSEN
KOMMANDIRENDER
GEN. FELDMARSCHALL.
CHEF DER CF. GARDE DU CORPS.
OBRISTER HAUS- UND LANDZEUGMEISTER.
MALTHESER.
AUCH DES POHLNISCHEN WEISSEN ADLERORDENS
UND CHURSÄCHSISCHEN S. HENR. ORDENS RITTER.
GEB. D. XXI AUG. MDCCIV. GEST. D. XXV.
FEBR. MDCCLXXIV.
R. J. P.

Es wäre wünschenswert, dieses Zeugnis sächsischer Geschichte zu erhalten.

MARIA AURORA RUTOWSKA

Die Lieblingsschwester des Maréchal de Saxe

AM 3. Juli 1705 kaufte Madame Spiegel von der Fürstin Teschen, ihrer Freundin, das zur Standesherrschaft Hoyerswerda gehörige Gut und Vorwerk Särchen für die Summe von 20000 Talern. Maria Aurora Spiegel fügte ihrem Namen den Zusatz »geborene von Kahrimann« bei und siegelte das Dokument mit ihrem Wappen, einem nach oben offenen Halbmond.

Zum Zeitpunkt des Geschäftsabschlusses standen beide Damen in vertraulichem Verhältnis zueinander. August II. hatte die Freundschaft gestiftet – und das nicht ohne Hintersinn: die schöne Türkin und die schöne Polin waren beide seine Geliebten – gleichzeitig!

Als Maria Aurora Spiegel Särchen von der Fürstin Teschen kaufte, war sie vermutlich schwanger. Denn im Jahre 1706 – das genaue Datum ist nicht bekannt – wurde ihre und Augusts II. Tochter geboren, die in der Taufe ebenfalls den Namen Maria Aurora erhielt. (In der Literatur wird sie immer wieder falsch »Katharina« genannt.)

Als Maria Aurora Spiegel beschloß, Gutsbesitzerin in der Lausitz zu werden, befanden sich der Vater ihres werdenden Kindes und sie selbst in einer mißlichen Lage: August II. hatte die polnische Krone verloren. Am sächsischen Himmel stieg ein neuer Stern auf. Sein Name war Anna Constantia von Hoym.

Maria Aurora ging in Warteposition. Sie war eine kluge Frau und hatte bisher alle Mätressen des Königs überlebt. Seit zehn Jahren war sie am königlich-kurfürstlichen Hof. Sie wußte über alle höfischen Interna ausgezeichnet Bescheid. Als gute Beobachterin schätzte sie die jeweiligen Situationen meist richtig ein – und sie kannte August II. Nachdem die erste Leidenschaft verflogen war, fand er stets zu ihr zurück, ganz gleich, ob die Damen Königsmark, Esterle-Lamberg oder Lubomirska hießen. Sie waren die offiziellen Mätressen, sie hingegen die heimliche Geliebte! Auch mit Frau von Hoym, hoffte sie, würde es nicht anders werden.

Maria Aurora, die eigentlich Fatima hieß, hatte eine bewegte Vergangenheit. 1686 fand sie Otto Wilhelm, der Onkel der Gräfin Königsmark, bei der Belagerung von Ofen. Das weinende Mädchen hockte inmitten rauchender Trümmer, »eingewickelt in Goldbrokat mit türkischen Steinen«. Das Häuflein Unglück erbarmte den rauhen Kriegsmann. Er nahm sie zu sich und zog sie zusammen mit den vier Kindern seines älteren Bruders Konrad Christoph auf. Fatima wurde christlich getauft und nach Otto Wilhelms Nichte Maria Aurora genannt. Mit ihr und deren Schwester, Amalie von Löwenhaupt, kam (Fatima) Maria Aurora nach Dresden. Bei der Gräfin Königsmark lernte Friedrich August die schöne Zirkassin kennen – und lieben. Die Beziehung wurde 1702 mit der Geburt des Sohnes Friedrich August offiziell.

Auf Druck Constantia von Cosels muß (Fatima) Maria Aurora Dresden verlassen. Die kleine Maria Aurora erblickt 1706, wahrscheinlich in Warschau, das Licht der Welt. Sie wächst in Südpolen auf, denn

Maria Aurora Rutowska
(1706–1746).

Johann Georg Spiegel wird vom König zum Oberintendanten der Königlichen Domänen in Polen ernannt. Die Familie zieht nach Lemberg (Lwow). Hier lebt Maria Aurora bis zum Jahre 1714. Ihr Stiefvater Johann Georg Spiegel unterrichtete den König über das Treiben Karls XII., der nach der Niederlage von Poltawa in die Türkei geflüchtet war. Spiegels Nähe zum Kriegsschauplatz am Pruth vermittelte August II. auch ein genaues Bild über die Lage der Russen.

Der König übertrug Spiegel mehrmals diplomatische Aufträge, die dieser mit Erfolg ausführte. Der ehemalige Kammerdiener entwickelte sich zu einem umsichtigen Geschäftsmann. Er wurde in Lemberg so heimisch, daß er seinen Namen polonisierte und sich »Spiegelski« nannte. Spiegel beherrschte mehrere Sprachen, darunter auch polnisch. Von seiner Frau lernte er vermutlich türkisch, denn August II. schickte ihn 1713 in die Türkei. Dort sollte er »türkische Zelte, Männer- und Weiberkostüme, Militärkostüme und Waffen, Abrisse von Häusern und Bädern ... Möbel, Hausrat ... wilde Tiere ... Melonen und andere Sämereien ...« holen. Selbst Eunuchen fehlten auf der königlichen Wunschliste nicht. Die Reise brachte nicht den gewünschten Erfolg. Johann Georg verlor in der Folgezeit sein Inspektorenamt. Die Familie verließ Lemberg und zog nach Oloschitz. Zu Beginn der zwanziger Jahre lebte sie in Warschau.

Maria Aurora war zu einem hübschen Mädchen herangewachsen. 1723 stellte sich der erste Freier ein. Die Entscheidung über eine Hochzeit konnte nicht ohne die Einwilligung des Königs getroffen werden. Da (Fatima) Maria Aurora nicht sicher war, wie diese ausfallen würde, korrespondierte sie mit dem Grafen Flemming über den jungen Mann, der um ihre Tochter bat. Sein Name ist nicht aktenkundig. Der Briefwechsel läßt allerdings den Schluß zu, daß seine Vermögensverhältnisse nicht gerade glänzend waren. Flemming schlug (Fatima) Maria Aurora vor, für die Aussteuer der Tochter 50 000 Taler bereitzustellen, die er – nach Maßgabe des Königs – um die gleiche Summe aufstocken lassen wolle, falls die jungen Leute durchaus heiraten wollten. Er selbst würde ihnen beim Erwerb von Grund und Boden in Polen behilflich sein, wo sie leben könnten »wie die kleinen Grandseigneurs«. (Fatima) Maria Aurora sah sich außerstande, diese Summe aufzubringen. So zerschlugen sich die Hochzeitspläne wieder.

August II. sah sich nun verstärkt nach einer standesgemäßen Partie für seine Tochter um. Sein Auge fiel auf den Kron-Oberschenk Graf Michael Bielinski, einen Bruder der Gräfin Dönhoff. Die Bielinskis gehörten zu den litauischen Magnatenfamilien und besaßen ausgedehnte Ländereien.

Seit 1722 führten die beiden Spiegel-Kinder den Namen Rutowski. Dieser leitet sich vom polnischen »Ruta«, d. h. Raute, ab. Die Namensänderung war der erste Schritt zu einer offiziellen Anerkennung.

Am 19. September 1724 wurden Maria Aurora und ihr Bruder Friedrich August in den polnischen Grafenstand erhoben. Eine Woche später handelte Graf Flemming mit der Familie Bielinski im Warschauer Schloß den Ehevertrag aus. Dabei fungierten die höchsten polnischen Würdenträger als Trauzeugen. Auf seiten des Königs unterzeichnete der Kron-Großmarschall Graf Mniszczech und der Kron-

Großkanzler Szembeck die Dokumente, während für den Bräutigam der Kanzler von Litauen Stanislas Sczucka, der litauische Großschatzmeister Kociel, der Czasnik von Litauen und der Starost Bielinski, ein Bruder des Grafen Michael, unterschrieben.

August II. richtete seiner Tochter eine prachtvolle Hochzeit aus. Nach den Feierlichkeiten der Kurprinzenhochzeit von 1719 in Dresden nahm der König die Gelegenheit gern wahr, mit der Heirat Maria Auroras in Warschau den Polen ein Äquivalent zu bieten. Gleichzeitig versprach er sich davon eine engere Bindung des polnischen Hochadels an sein Haus.

Glücklich scheint die von August II. gestiftete Ehe nicht geworden zu sein. Maria Aurora hielt sich, wann immer sie es arrangieren konnte, in der Nähe des Königs auf. Sie weilte 1727 an seinem Krankenbett und wohnte während des Zeithainer Lagers 1730 zusammen mit ihrer Schwester Anna Orzelska gleich neben August II. Selbstverständlich gehörte sie zur Suite des Königs, als dieser 1728 zum Staatsbesuch nach Preußen reiste.

Maria Aurora und Graf Bielinski trennten sich nach dem Tod Augusts II. wieder. Die Gräfin ging nach Paris, wo sie Moritz von Sachsen traf, dessen Lieblingsschwester sie war. Moritz' Vorliebe für sie resultierte aus seiner Erinnerung an ihre Mutter. (Fatima) Maria Aurora war in seinen ersten Lebensjahren seine Kinderfrau.

1736 fand Maria Aurora endlich ihr persönliches Glück. Sie heiratete den savoyischen Edelmann Claude Maria de Bellegarde. Der Graf begann seine Karriere als Generalleutnant der sächsischen Ar-

Maria Aurora Bielinska,
geb. Rutowska, als Jägerin,
1726.

mee. Später übernahm er die Gesandtschaftsposten in Turin und Paris. Hier starb er 1754. Maria Aurora hatte aus ihrer Ehe mit Bellegarde zwei Kinder. Wie eng die geschwisterliche Bindung zwischen ihr und Moritz von Sachsen gewesen sein muß, kann man daraus ersehen, daß sie ihren Sohn auf den Namen Moritz taufen ließ. Der Maréchal de Saxe seinerseits setzte seinen Neffen als Universalerben ein.

Das zweite Kind, die Tochter Friederike Auguste, lebte unverheiratet in Turin.

Maria Aurora de Bellegarde starb bereits mit 40 Jahren, am 22. Mai 1746.

ANNA ORZELSKA

Die Folgen eines Staatsbesuchs

ANNA Katharina wird am 23. November 1707 geboren. Es ist das Jahr nach dem Frieden von Altranstädt, der August II. zum Verzicht auf die polnische Krone zwang. Noch immer stehen die Schweden in Sachsen. August hält sich im Februar 1707 in Leipzig auf. Die Messestadt ist für Monate Drehscheibe der internationalen Politik. Diplomaten aus ganz Europa sind angereist, um zu verhindern, daß durch die militärischen Erfolge Karls XII. der Nordische und der Spanische Erbfolgekrieg zu einem Weltkrieg verschmelzen.

August II. wohnt wie üblich im Fürstenhaus am Markt. Die Abende im galanten Leipzig gehören den Bällen, auf denen nicht nur Geheimdiplomatie betrieben wird …

In dieser Atmosphäre zwischen Krieg, Sieg und Niederlage lernt August II. Henriette Drian kennen.

Graf Manteuffel, dessen erhalten gebliebene Korrespondenz uns manchen amüsanten Hofklatsch überliefert hat, gibt ihren Namen in einem Brief vom Jahre 1725 mit »Madame Drian, die Ihr unter dem Namen Franzos gekannt habt …« an.

Der König befindet sich in einem politischen und menschlichen Tief. Am 19. Januar 1707 mußte er den Frieden von Altranstädt ratifizieren, der ihm die Auslieferung Patkuls an die Schweden und die Verzichtsbestätigung auf Polen aufzwingt. Rangstreitigkeiten zwischen der Kurfürstin, seiner Frau, und der Gräfin Cosel ließen ihn im heftigen Streit mit Constantia auseinandergehen. Er zwingt die Hochschwangere, Leipzig zu verlassen. Am 29. Januar wird sie in Dresden von einem toten Sohn entbunden. Fünf Tage schwebt die Gräfin zwischen Tod und Leben. Fünf Tage und fünf Nächte wacht August an ihrem Bett. Als die Krisis vorüber ist, reist er nach Leipzig zurück. August möchte für Stunden alles vergessen: die Schweden, den Zaren, die bigotte Kurfürstin – auch Constantia von Cosel … Henriette Drian kann seinem Charme nicht widerstehen …

Die Angaben über Henriettes Herkunft fließen spärlich. Baron Pöllnitz bezeichnet sie als Weinhändlerstochter aus Warschau. Andere geben ihren Beruf mit Tänzerin an. Ihre Beziehung mit August II. überdauert die Leipziger Wochen nicht.

So hüllen sich auch Kindheit und Jugend des Mädchens Anna nach wie vor in geschichtliches Dunkel. Am Jahresende 1707 erreicht den König in Dresden die Nachricht, daß er Vater geworden ist. Dann reißen die Quellen ab.

Anna Francose begegnet uns erst wieder im Jahre 1724. Sie ist inzwischen zu einem schönen Mädchen herangewachsen. Graf Manteuffel beschreibt sie als »eine Brünette mit einer außergewöhnlich schmalen Taille. Sie hat einen besonders weißen und glatten Teint …, die Augen sind schwarz, schön und ausdrucksvoll, die Haare reich und von einem schönen Kastanienbraun … ihre Erscheinung ist gut, mit einem Wort, sie wird das, was man ein Stück vom König nennt …«

Anna Orzelska
(1707–1769).

Anna Francose wächst in Polen auf. In Augusts näheren Gesichtskreis rückt sie wohl erst, als ihre Mutter, Madame Drian-Francose, stirbt.

Am 19. September 1724 erhebt August II. seine Tochter Anna Katharina in Warschau in den polnischen Grafenstand und verleiht ihr den Titel einer Gräfin Orzelska, was auf deutsch »von Adler« heißt.

Damit beginnt für Anna Orzelska ein neues Leben. August II. legt seinem Lieblingskind, das sie bis zu seinem Tod bleiben wird, sein Königreich zu Füßen. Es scheint, als ob er sie für die Zeit, die sie fern von ihm gelebt hatte, entschädigen möchte. Der König überhäuft Anna im Laufe der Zeit mit Schmuck, Schlössern, Ländereien und Geldgeschenken.

Doch zunächst muß sie sich in einer, ihr bis dato ungewohnten Welt zurechtfinden lernen. Die Erziehung ihres Stiefvaters ist alles andere als einem Leben bei Hofe angemessen. Graf Manteuffel meint, daß sie wohl erst dann dem König richtig ähnlich ist, »wenn man die Erziehung korrigiert haben wird, die Franzos ihr gegeben hat …«

Tatsächlich unterscheidet sich Anna von ihren fast gleichaltrigen Halbschwestern und adeligen Altersgenossinnen. Sie trägt mit Vorliebe Männerkleidung, reitet wie der Teufel, schießt ausgezeichnet und ist außergewöhnlich sportlich. Anna Orzelska wird bei Hofe rasch heimisch. Sie ist witzig, tanzt gern und gut, genießt den Luxus, mit dem August sie umgibt. In kurzer Zeit dominiert sie am Hofe ihres Vaters. Es dauert nicht lang, bis sich der erste Bewerber um ihre Hand einfindet. Es ist der Herzog von Holstein-Beck. In Briefen an den Grafen Flemming bittet er diesen, seine Absichten auf die Königstochter zu unterstützen.

Das Blaue Palais in Warschau.

Anna aber liebt die Freiheit! »Sie ist noch ein Mädchen und hat, wie man sagt, noch kein Verlangen, diesen Zustand zu ändern ...« findet Graf Manteuffel.

Im Frühjahr 1726 erhält sie – als einziges von Augusts illegitimen Kindern – ein eigenes Schloß, das Blaue Palais in Warschau. Der König hatte es einige Jahre zuvor dem Bischof von Ermland abgekauft. Es lag in unmittelbarer Nähe des Sächsischen Palais, am anderen Ende des Sächsischen Gartens. In kürzester Zeit wird das Palais für seine neue Besitzerin umgebaut. Die Kosten dafür zahlt der König aus seiner Privatschatulle. Am 26. Juli 1726, dem Namenstag der Gräfin, erhält sie es von August zum

Geschenk. Zur Einweihung findet ein glanzvoller Ball statt.

Ende November 1726 erkrankt August II. ernsthaft. Auf der Rückreise von Grodno, wo der Reichstag über das Wohl und Wehe Kurlands entschieden hatte, muß der König seine Fahrt in Bialystock unterbrechen. Sein altes Leiden, eine gequetschte Zehe, verschlimmert sich zusehends. Es bildete sich ein Abszeß, dessen starke Schmerzen eine Weiterreise nach Warschau unmöglich machten. Der Eiter zog die Zehe so in Mitleidenschaft, daß sie brandig wurde. Als der Abszeß aufgegangen war, mußte dem König in der Neujahrsnacht 1727, im Schloß des Fürsten Czartoryski, die zweite Zehe des linken Fußes amputiert werden. Volle sechs Wochen hütet August das Bett. Erst Mitte Februar kann er nach Warschau zurückkehren. Hier unterzieht er sich noch zwei Monate lang einer Nachkur, die ihm der berühmte französische Arzt Le Petit verordnet hat.

Für die Genesung des Königs nach seiner schweren Krankheit unternimmt Anna im April 1727 »eine Walfahrt nach einem miraculeusen Marienbilde ...« in der Nähe Warschaus, »... wohin sie einen goldenen Fuß zur Danksagung für glückliche Anschlagung der Cur an des Königs Füße und umb die völlige glückliche Genesung Sr. M. gethan. Sie ist auch auf dieser Walfahrt drei Meilen Wegs zu Fuß gegangen«. Dies berichtet der neue preußische Gesandte Viebahn nach Potsdam.

August II. kehrt bald darauf nach Sachsen zurück. Seine Kinder, allen voran Anna, begleiten ihn. Im September des gleichen Jahres stirbt die Kurfürstin. August schenkt den kostbaren Brillantschmuck

Der Leibbarbier Weiß amputiert August dem Starken eine brandige Zehe.

Christiane Eberhardines nicht etwa seiner kaiserlichen Schwiegertochter, sondern Anna.

Ihr 20. Geburtstag, der 23. November 1727, wird mit einem großen Hofball gefeiert. Der König verbindet mit der Geburtstagsfeier die offizielle Einweihung des Japanischen Palais als »Porzellanschloß«. Er kaufte es 1717 dem Grafen Flemming ab. August tätigte mit seinem Premier öfter Immobiliengeschäfte. So erwarb er Flemmings Palais auf der Pirnaischen Gasse, als dieser das Palais Vitzthum auf der Kreuzgasse, nach dem tragischen Tod des Grafen, von dessen Witwe übernahm. Das Japanische Palais erhält zur Feier des Tages eine prächtige Illumination mit dem Namenszug Anna Orzelskas. In vier Zimmern speisen über 200 Kavaliere mit ihren Damen. Der Ball dauert bis zum frühen Morgen.

Anna erscheint in großer Robe. Ihr Brillantschmuck steht dem des Königs kaum nach. »Die Gräffin Orzelska hatte auff dem Kopf, am Halse und in den Ohren magnifique Juwelen, davon sie einen Teil bey ihrem vorigen Fest in Polen bekommen, und jetzo 12 schöne Brillianten, ohne andere Praesente, so noch nicht bekannt sind …« registriert Viebahn. Der preußische Gesandte war August II. nach Dresden nachgereist. Er bereitete den Staatsbesuch Friedrich Wilhelms I. in der sächsischen Hauptstadt vor. Kurz vor Weihnachten sind die ausgehandelten Verträge unterschriftsreif. August II. findet, daß die Karnevalszeit die geeignetste wäre, dem Preußenkönig den Glanz Sachsens vor Augen zu führen.

Friedrich Wilhelm I. beabsichtigt, zunächst allein nach Dresden zu reisen. »Ich freue mir in ein ander Weldt zu komen …« schreibt er kurz vor seiner Abreise an seinen alten Freund Leopold von Anhalt-Dessau. Die unerquicklichen Auseinandersetzungen mit seinem unerziehbaren Kronprinzen ließen es geraten erscheinen, den sächsischen Hof nicht zum unmittelbaren Zeugen seiner familiären Streitigkeiten werden zu lassen. Der durchtriebene Friedrich und seine Schwester Wilhelmine stecken sich hinter den sächsischen Gesandten von Suhm. Sie erreichen es, daß dieser nach Dresden depechiert, man möge doch den Preußenkönig umstimmen und bitten, seinen Sohn nachreisen zu lassen. Friedrich Wilhelm, den der Empfang in Sachsen in Hochstimmung versetzt hatte, läßt sich überzeugen.

Am 16. Januar 1728 kommt Friedrich nach Dresden. Von sächsischer Seite unternimmt man alles, um möglichen Eklats zwischen Vater und Sohn vorzubeugen. Der preußische Kronprinz wohnt beim Grafen Flemming im Palais auf der Kreuzgasse, Friedrich Wilhelm I. im Palais des Grafen Wackerbarth.

Der Karneval im Augusteischen Dresden war von jeher etwas ganz Besonderes. Der König verband Elemente des venezianischen Karnevals mit der jahrhundertealten Festtradition seines Hauses. Der Adel gab in seinen Palästen Bälle, zu denen man als Domino oder en masque, als noble Venetien, erschien. Tagsüber vergnügte man sich bei kostümierten Schlittenfahrten, die als Ringrennen konzipiert waren. Den Siegern winkten wertvolle Sachpreise.

Dies ist der offizielle Rahmen dieses Staatsbesuchs. Abends besuchen die preußischen Gäste Premierenvorstellungen der französischen Komödie und der italienischen Operette oder folgen der Einladung Augusts zum Nachtschießen in den Stallhof. Friedrich Wilhelm I. fühlt sich in Dresden rundum wohl. »Ich bin in Dresden und springe und tanze. Ich bin mehr fatigieret (ermüdet), als wenn ich alle Tage zwei Hirsche tothetze. Der König thuet uns so viel Höflichkeit, daß es nit zu sagen ist ...« Er und sein Sohn besichtigen alle militärischen Einrichtungen, die Festungen, das Grüne Gewölbe, die Gemäldesammlung, das Japanische Palais mit seinen exquisiten Porzellanschätzen sowie die Schlösser in Dresdens Umgebung.

Die heitere Atmosphäre des Dresdner Karnevals bringt es mit sich, daß Friedrich Wilhelm seinem Sohn gegenüber die Zügel weiter schleifen läßt, als es dem aufsässigen Friedrich gut tut. Während die Väter in ihrer neu gegründeten »Societé des antisobres« Bacchus kräftig Tribut zollen, hat der pubertierende preußische Kronprinz nur noch Augen für Anna Orzelska …

Es mag August selbst gewesen sein, der seinen Töchtern, allen voran Anna, ans Herz legte, sich um Friedrich zu kümmern. Das Ergebnis ist, daß sich Friedrich leidenschaftlich in Anna Orzelska verliebt. Es ist wohl das erstemal, daß er diese Erfahrung macht, denn bei dem am 25. Januar abgehaltenen Scheibenschießen schießt Friedrich eine Fahrkarte nach der anderen! Der Spott bleibt denn auch nicht aus. Der kleine Friedrich erhält als Prämie für die meisten »Weitschüsse« einen Schlitten, der mit einem schwarzen Ziegenbock bespannt ist. Darauf sitzt ein als Kutscher verkleideter Hund. Im Fond des Schlittens befindet sich eine Katze in Damenkleidern.

Scherzgeschenke dieser Art sind (für Verlierer) am Augusteischen Hof nichts Unübliches. Friedrich ist nicht der einzige, der ein solches bekommt. Aber seine angeborene Humorlosigkeit mißversteht diesen Scherz gründlich.

Die Gefühle des preußischen Kronprinzen für Anna bleiben August II. nicht verborgen. Wenn er auch sehr tolerant ist, ist es ihm doch nicht gleichgültig, daß seine Tochter dabei ist, sich in ein erotisches Abenteuer mit einem Halbwüchsigen einzulassen, der gerade seinen 16. Geburtstag gefeiert hat. Der König hat mit Anna große Pläne. Deshalb will er ein unmißverständliches Zeichen setzen!

Eines Abends, als sich Friedrich Wilhelm I., General Grumbkow und Friedrich im Schloß aufhalten, führt sie August in ein kostbar ausgestattetes Gemach, »von dessen vier Wänden, drei fast ganz aus kassettierten Spiegeln bestanden und den Glanz der Girandolen zauberhaft reflektierten. Die vierte Wand schien aus flandrischen Tapeten zu bestehen, deren Schals mit einemmal rauschend zur Seite glitten ... Zurückgestrahlt von der vierten Spiegelwand, überfunkelt vom Glanz neuer Leuchter und Lichtträger, lag nachlässig auf ein seiden Ruhebett gestreckt eine nackte Frau, Rubine im Haar, Diamanten an den Ohren, die Spitzen der Brüste vergoldet ... eine Göttin aus Fleisch und Blut. Der preußische Asket soll einen Augenblick wie verdonnert gestanden haben, indes seinem Sohn die ohnehin etwas vorstehenden Augen förmlich aus den Höhlen gequollen seien. Im Nu riß der Monarch seinem Minister den Hut unterm Arm weg und hielt ihn seinem Sprößling vors Gesicht, drängte denselben zur Tür und trat selbst einen eiligen Rückzug an ...« So beschreibt ein zeitgenössischer Bericht das Ereignis jenes Abends.

Die nackte Schönheit auf dem Ruhebett ist die Tänzerin Formera. Inwieweit Friedrich diesen Wink verstanden hat oder ob August noch deutlicher werden mußte, verschweigt unsere Quelle. Glaubt man der Markgräfin von Bayreuth, Friedrichs Schwester, wird die schöne Tänzerin seine erste Geliebte. Friedrich Wilhelm darf von diesen »Divertissements« natürlich nichts erfahren. Augusts Verschwiegenheit ist aber nicht umsonst zu haben. Schließlich sind solche Rendezvous nur mit seiner Hilfe möglich. Friedrich muß versprechen, seine Annäherungsversuche Anna gegenüber zu unterlassen.

Der preußische König kehrt Mitte Februar nach Potsdam zurück, nicht ohne eine Gegeneinladung an August II. auszusprechen. Beide Monarchen verabreden sich für den Frühsommer des laufenden Jahres.

Ende Mai 1728 treffen August II., der Kurprinz, die Grafen Moritz von Sachsen, Friedrich August Rutowski, die Gräfinnen Orzelska und Bielinska, der Herzog von Sachsen-Weißenfels, Manteuffel, Lagnasco, Sulkowski, Brühl und zahlreiche polnische Würdenträger in Potsdam ein. Zunächst stehen die üblichen Besichtigungen auf dem Programm. Friedrich Wilhelm I. gibt sich redlich Mühe, seinen Gästen einen angenehmen Aufenthalt, im Rahmen seiner spartanischen Möglichkeiten, zu bieten. Den Höhepunkt aller Festlichkeiten bildet eine Generalrevue von 16000 Mann auf dem Tempelhofer Feld. Anna Orzelska erscheint in rotem »Amazonenhabit«, das Haar zum Zopf geflochten, am Hut eine Feder, das blaue Ordensband mit dem Weißen Adlerorden auf der Brust. Selbstbewußt nimmt sie die Parade ab!

In Berlin sehen sich Anna und Friedrich wieder. Der preußische Kronprinz hatte die schöne Gräfin nicht vergessen können. Ohne daß ihre Umgebung etwas davon bemerkt, treffen sie sich mehrmals heimlich ... Es sind für Anna folgenschwere Rendezvous! Sie wird schwanger!

Am 5. Februar 1729 berichtet der französische Gesandte in Sachsen, Abbé de Livry, nach Paris, »die

Gräfin Orzelska … ist seit einigen Tagen Wöchnerin. Ich wage die Namen derer nicht auszusprechen, denen man eine Vaterschaft nachsagt …«

August II. reagiert wie alle Väter, die von ihren Töchtern plötzlich mit der Tatsache einer ungewollten Schwangerschaft konfrontiert werden: Er ist außer sich!

War es auch ein Rechenexempel, daß nur der preußische Kronprinz als Vater in Frage kommen konnte, scheute man sich am Wiener Hof doch nicht, lauthals den Namen Augusts in die Welt hinauszuposaunen, um ihn mit dem Vorwurf der Blutschande moralisch unter Druck setzen und politisch gefügig machen zu können. August II. galt als scharfer Gegner der Pragmatischen Sanktion Kaiser Karls VI. Die österreichischen Minister stellten mit Unbehagen fest, daß der König mit Frankreich in Verhandlungen eingetreten war, während Prinz Eugen über Seckendorff und Manteuffel mit August II. um eine Allianz zwischen dem Kaiser und Sachsen rang. In der Hofburg fürchtete man, daß sich August II. der antipragmatischen Koalition Frankreichs, Spaniens und Englands, den sogenannten »Sevillianern«, anschließen könnte.

Annas Stellung bei Hofe ist in den Monaten ihrer Schwangerschaft nicht problemlos. Sie will dieses Kind nicht und unternimmt alles, um eine Fehlgeburt zu erzwingen. Nachdem August den ersten Schock überwunden hat, ignoriert er ihre Schwangerschaft total. Er will Anna wie alle seine Töchter gut verheiraten. Der Herzog von Holstein-Beck wirbt noch immer um ihre Hand. Obwohl alle Welt von Annas Mißgeschick spricht, tut August so, als sei nichts geschehen. Am Tag der Entbindung läßt er sich über zwei Stunden Zeit, bis alle »Spuren« beseitigt sind, bevor er sie besucht. Die Geburt des Kindes unterliegt strenger Geheimhaltung. Noch Ende Februar geht der französische Gesandte davon aus, daß es tot ist. Erst eine Woche später weiß er zu berichten, daß es sich um einen sehr lebendigen Knaben handelt. Man habe ihn nach Frankfurt/Oder gebracht, um ihn dort aufziehen zu lassen. Die Stadt gehört sinnigerweise zu Preußen. Damit verliert sich seine Spur in der Geschichte ...

Annas preußischer Fauxpas belastet das gute Verhältnis, das zwischen Vater und Tochter bestand. Am Hof geht man davon aus, daß der König sie entweder schnell verheiraten oder in Polen in ein Kloster stecken wird.

August tut weder das eine noch das andere. Anna Orzelska übernimmt wieder ihre Repräsentationspflichten, so als wäre nichts geschehen. Aber sie ist verändert. Anna ist ernster geworden, nicht mehr so übermütig wie früher. August überhäuft sie nach wie vor mit Geschenken. So gerät er im Jahre 1731 mit seinem Minister Karl Heinrich von Hoym aneinander, als dieser sich weigert, aus der Staatskasse 100 000 Taler für eine Herrschaft in Schlesien bereitzustellen, die der König Anna schenken will.

Zwei Jahre später, fast auf den Tag genau, sehen sich Anna Orzelska und Friedrich von Preußen noch einmal wieder, als Friedrich Wilhelm I. mit seinem Sohn zum Besuch des Zeithainer Lagers nach Sachsen reist. Am frühen Morgen des 31. Mai 1730 fährt August II. seinem Staatsgast bis Görzig, etwa zwei Wegstunden von Zeithain entfernt, entgegen. Er will den Compatron höchstpersönlich zum Lager führen. Friedrich Wilhelm freut sich riesig, »die schöne

Armee sehen zu dürfen«. Er mag nicht schlecht gestaunt haben, als ihn am nächsten Morgen beim Abreiten der Truppen, die zur großen Parade angetretenen waren, nicht nur der Patron und die sächsische Generalität begleiten, sondern auch 90 Damen, darunter die Kurprinzessin Maria Josepha und des Königs Töchter Anna Orzelska und Maria Aurora Bielinska samt einem Gefolge von 200 Equipagen.

Ob sich Friedrich auf Anna ebenso freute, bleibt zweifelhaft. Er trägt sich statt mit Wiedersehens- mit Fluchtgedanken, und die Billets, die er im Campement von Zeithain durch seinen Pagen überbringen läßt, sind nicht an die schöne Gräfin und Mutter seines Sohnes, sondern an Leutnant von Katte adressiert …

August II. verheiratet Anna noch im August desselben Jahres mit dem Herzog Carl-Ludwig von Holstein-Beck. Die Hochzeit findet in Dresden statt und wird mit allem Pomp gefeiert. Wie fast alle Ehen, die der König seinen Kindern stiftet, ist auch diese nicht von Dauer.

Nach dem Tod Augusts II. läßt sich Anna scheiden.

Als der König am 1. Februar 1733 in Warschau stirbt, trifft sie sein Tod schwer. Der französische Geschäftsträger, Monsieur de Perteville, berichtet am 6. Februar 1733 nach Paris, daß die Herzogin von Holstein-Beck untröstlich sei.

August II. hat sie auch über sein Ableben hinaus finanziell gut abgesichert. Aber ihre Bindung an Sachsen erlischt mit dem Tod des Königs. Anna Orzelska lebt in Venedig und in Paris. An ihren Halbbruder August III. wendet sie sich nur, wenn sie

Geld benötigt, und auch das nicht direkt, sondern über Moritz von Sachsen, bei dem sie in Paris zeitweise lebt. Auf Bitten Moritz' geht sie später nach Avignon.

1769 stirbt Anna Orzelska in Grenoble. Ihr Sohn aus der Ehe mit dem Herzog von Holstein-Beck folgt ihr 1772. Er hatte in der sächsischen Armee den Rang eines Generalmajors.

AUGUSTA CONSTANTIA VON COSEL

Der 3. Februar 1728

LANGSAM erwacht Augusta Constantia von Friesen. Ihr Schlafgemach liegt im Halbdunkel. Nur unscharf nimmt sie die Konturen ihrer Umgebung wahr. Graute der Morgen oder die Nacht? Sie weiß es nicht. In einem Fauteuil am Fußende ihres Bettes kauert schlafend ihre Kammerfrau. Augusta Constantia will sich erheben, ihr ein Zeichen geben, daß sie wach ist … Es gelingt ihr nicht. Hilflos sinkt die Hand auf die Bettdecke zurück …

Ihre Finger tasten über die Pusteln auf ihren Händen, ihren Armen. Sie spürt sie am Hals und im Gesicht, die borkigen Schorfe, überall auf ihrer Haut … Die Gräfin leidet unter starken Schluckbeschwerden, ihre Wangen glühen. Angst schnürt ihre Kehle zusammen … Sie starrt in den Brokathimmel über ihrem Bett und schluchzt leise.

Augusta Constantia von Friesen hat die Pocken!

Von der Straße dringen fröhliche Stimmen zu ihr herauf, ausgelassenes Lachen dazwischen. Der Schlag einer Kutsche fliegt zu. Pferdehufe klappern über das Pflaster.

Es ist der 3. Februar 1728 … und es ist Karneval in Dresden. Immer wieder hört Augusta Constantia dieses Lachen … Es scheint ihr, als klinge es immer schriller, geradezu heimtückisch und höhnisch … Waren es überhaupt noch die Stimmen der übernächtigten Karnevalsbummler? Oder narrten sie ihre Fieberphantasien? Augusta Constantia wälzt sich unruhig hin und her. Das schwarze Haar klebt verschwitzt an ihrem roten, verschwollenen, schorfigen Gesicht. Ihre Gedanken kreisen unaufhörlich …

Es war gerade erst zwei Wochen her, als sie am großen Damenringrennen auf Schlitten teilgenommen hatte, das Seine Majestät, der Herr Vater, zu Ehren seines preußischen Staatsgastes gab. Sie hatte sich so darauf gefreut. In der Nacht kam Tauwetter, das die ganze Veranstaltung in Frage stellte. Aber der Herr Vater wußte immer Rat. Er ließ über 300 Wagen kommandieren, die etliche 1000 Fuder Schnee von den Vorstädten und den Feldern auf den Altmarkt und die umliegenden Straßen fahren mußten. Gegen Mittag versammelten sich alle Rennschlitten bei ihren Chefs. Sie war der Esquadrille des Herzogs von Weißenfels und ihrer Schwester Anna Orzelska zugeteilt. Der Herr Vater fuhr, nur von drei Läufern begleitet, in einem kleinen Schlitten auf den Altmarkt und ordnete alles höchstpersönlich an. Es war ein schönes Bild, als sich der Schlittenzug um zwei Uhr vom Schloß nach dem Rennplatz in Bewegung setzte. Jede Gruppe bestand aus 13 Schlitten, und jede Quadrille hatte ihre eigene Farbe: Gelb, Rot, Blau und Grün. Sie waren in samtgefütterte Pelze gekleidet. Alle Damen und Kavaliere trugen hohe Federbüsche auf den Köpfen. Den Pferden wurden seidene Decken übergelegt und die Plumagen auf Köpfen und Schwanz befestigt. Ihre Farbe war rot, und ihr Kavalier war der Herr Kammerherr von Haugwitz. Sie fuhr im zehnten Schlitten. So konnte sie genau sehen, daß ihr Gemahl die

Augusta Constantia von Cosel
(1708–1728).

Frau Kammerherrin von Haugwitz im dritten Schlitten begleitete. Damals war sie noch gesund …

Durch den plötzlichen Wetterumschwung hatte sie sich ein bißchen erkältet. Sie nahm es nicht weiter ernst. Wenn der Herr Vater ein so schönes Fest arrangierte, konnte man sich wegen einiger Kopf- und Gliederschmerzen doch nicht entschuldigen. Als ihre Esquadrille auf dem Altmarkt ankam, fuhren sämtliche Schlitten eine ganze Weile herum. Dann rangierten sich die vier Wurstschlitten an den vier Ecken des Platzes. Diesmal durften die Dresdner nicht teilnehmen. Die Barrieren ließ der Herr

Vater extra mit Miliz und Grenadieren besetzen. Dann nahm das Rennen seinen Anfang.

Die erste und die letzte Bahn diente den Schlitten zum Rangieren. Ihre und die blaue Quadrille, die Seine Königliche Hoheit, der Herr Bruder, führten, standen bei der Scheffelgasse, bei der Kreuzkirche, die gelbe und die grüne. Den Anfang machten die vier Chefs, die die Schlitten führten. Dann rannten die Damen mit der Lanze nach dem Ring. Danach warfen sie mit dem Javelin (stilettähnliche Waffe) nach der Scheibe. Schließlich spielten sie mit Bällen gegen kleine Scheiben. Als letzte Geschicklichkeitsübung sollten sie mit gezogenem Degen einen auf der Erde liegenden Apfel aufspießen. So ging es zwölfmal, bis alle Schlitten passiert hatten. Sie belegte an jenem 17. Januar nur den vierten Platz und erhielt einen blauen Beutel mit einem silbergeflochtenen Boden. Es war der Preis für den Gewinn beim Ballspiel. Den Hauptgewinn, eine Schreibtafel, die rings herum mit herrlichen Diamanten garniert war, gewann Anna Orzelska, die immer erfolgreiche, selbstbewußte Schwester! Seine Majestät, der König von Preußen, und sein Kronprinz sahen aus dem Callenbergschen Haus an der Schreibergasse dem Divertissement mit großem Vergnügen zu. Es fiel ihr auf, daß der Kronprinz von Preußen Anna, die Schwester, nie aus den Augen ließ.

Am Abend beschlossen ein großer Ball und eine Assemblée den Tag. Als sie und ihr Gemahl weit nach Mitternacht zu Hause ankamen, war sie froh, sich endlich zur Ruhe begeben zu können. In der Nacht bekam sie hohes Fieber und rasende Kopfschmerzen … Sie glaubte, es sei von dem Läuten der Sturmglocken und dem Lärm in der Stadt, denn im

Palais des Herrn Grafen Wackerbarths Exzellenz war Feuer ausgebrochen. Am nächsten Morgen fühlte sie sich wie erschlagen. Der Graf, ihr Gemahl, schickte nach dem Arzt. Der ließ sie zur Ader und gab ihr ein Opiat gegen die Kopfschmerzen. Er meinte, es sei wohl ihre Konstitution so zart, daß sie nach der Geburt ihres zweiten Sohnes etwas kränklich wäre. Aber Seine Majestät habe ja eine gesunde Natur, deshalb werde sie sich auch bald wieder erholen …

Der Morgen graut durch die hohen Fenster des gräflich Friesenschen Hauses. Die Kammerfrau schreckt aus dem Schlaf. Hatte sie nicht eben ein Röcheln gehört? Sie entzündet rasch eine Kerze und wirft einen besorgten Blick auf die Schwerkranke … Entsetzt stellt sie fest, daß der Schorf auf dem Gesicht Augusta Constantias und die vertrockneten Eiterpusteln über Nacht schwarz geworden waren. Panikartig rennt sie aus dem Gemach, den Grafen zu holen. Wenig später steht Graf Friesen am Bett seiner Gemahlin. Die Kammerfrau eilt nach dem Arzt. Das verschlechterte Befinden der Gräfin spricht sich schnell herum. Im Haus herrscht helle Aufregung. Friesen ist ein studierter Mann. Er macht sich über den Zustand Augusta Constantias keine Illusionen. Der Graf ist 27 Jahre älter als seine Frau. 1681 in Maastricht geboren, hatte er in Holland und der Schweiz studiert. Heinrich Friedrich kannte Europa und sprach mehrere Sprachen. Graf Friesen war bereits 44 Jahre alt, als ihn August II. mit seiner Tochter Augusta Constantia verheiratete. Die Königstochter war eine gute Partie. August gab ihr 100000 Taler Mitgift aus dem beschlagnahmten Vermögen ihrer Mutter, der Gräfin Cosel. Dazu schenkte ihr der König herrlichen Brillantschmuck. Auch sonst zeigte er sich immer wieder mehr als nobel.

Friesen blickt stumm auf das vom Schorf geschwollene Gesicht seiner jungen Frau … Langsam bildeten sich auch auf den Augenlidern jene borkigen Grinde als Folge der ausgeeiterten Pockenblasen. Bald würde sie die Augen nicht mehr öffnen können … Der rote Pockenausschlag wich langsam einem Bronzeton. Die Eiterpusteln schlossen sich immer häufiger … Augusta Constantia atmet flach … Gerade als der Arzt eintritt, fällt sie ins Delirium … Die Gräfin richtet sich hoch auf … Augusta Constantia ruft den Namen ihrer Mutter. Sie streckt die Arme weit aus, als wolle sie nach ihr fassen. Ihre Hände greifen ins Leere … Erregt tastet Augusta Constantia nach ihrer Sinnestäuschung … Plötzlich spürt sie ein Kleid, einen Arm … Die Kammerfrau steht neben ihr. Sie versucht, die Gräfin zu besänftigen. Auch der Arzt und Graf Friesen sprechen begütigend auf sie ein. Erschöpft sinkt Augusta Constantia in die Kissen zurück. Langsam entspannen sich ihre Züge …

Vor ihren Augen taucht ein altes Herrenhaus im Holsteinischen auf. Sie sieht die schwere Zugbrücke und den Wassergraben, der die dunklen Mauern umgibt. In der Diele, unter der schweren Balkendecke, spielt sie mit ihrer Schwester Friederike Alexandrine. Sie laufen durch den Lustgarten und sitzen im Schatten der alten Lauben und Statuen von Depenau … Die Großmutter taucht aus der Erinnerung auf. Sie hatte sie erzogen, als die Mutter sie und ihre Schwester nach Holstein schickte. Sie war damals gerade anderthalb Jahre alt, Friederike Alexandrine vier Wochen. Auf Depenau war alles einfach und bescheiden. Der Tag verlief in seinem vorgegebenen Rhythmus. Am Vormittag unterrichtete sie ein Hauslehrer in Religion, Rechnen und Schreiben. Madame Trugard, ihre Gouvernante, lehrte sie Französisch. Bei Monsieur La Marche, dem alten Tanzlehrer der Mutter, lernten sie das Tanzen und die Reverenzen. Welche Freude bereitete es ihr, nachmittags auf dem Klaviercymbel zu spielen und dabei zu singen! Friederike Alexandrine mochte diese Musikstunden überhaupt nicht. Die Schwester war so unmusikalisch wie die alte Zugbrücke. Aber an den Büchern, die die Großmutter für sie aussuchte, hatten sie beide große Freude. Der Großvater war ein strenger Herr und bei den Gutsuntertanen gefürchtet. Als er starb, wurde es sehr ruhig im alten Herrenhaus. Aber es waren schöne Kindheitsjahre auf Depenau, heiter und unbeschwert …

Der Arzt nimmt Friesen zur Seite. Er wolle Seiner Exzellenz, dem Herrn Kabinettminister, reinen Wein einschenken. Wenn Ihre Exzellenz, Madame la Comtesse aus ihrer Ohnmacht erwacht seien, möge man den Oberhofprediger der Sophienkirche, Dr. Marperger, kommen lassen … Die Grenzen seiner Kunst seien erreicht. Die Kammerfrau schluchzt laut auf. Friesen gibt die notwendigen Befehle. Seine Stimme klingt heiser, fast rauh. Seine Majestät werde er selbst über den Ernst der Situation unterrichten, denn er habe Hofdienst, erklärt er dem Hofmedicus.

Auf dem Veranstaltungsprogramm, das der König für seinen preußischen Staatsgast Friedrich Wilhelm I. entworfen hatte, steht für den 3. Februar eine Hasenjagd auf dem Kalender. August erschrickt sehr, als ihn Friesen am Vormittag über den ernsten Gesundheitszustand seiner Tochter unterrichtet.

Eigentlich wollte er den Compatron zur Jagd begleiten. Jetzt läßt er sich bei Friedrich Wilhelm entschuldigen, um Augusta Constantia noch einmal zu sehen. So divertieren sich »den 3. Feb. Vormittags Ihro Kön. Maj. in Preussen nebst denen beyden Kön. Kön. Cron-Printzen und hohe Suiten vorm Pirnaischen Thore mit Hetzung etlicher 100 Hasen, so in und bey dem grossen Garten zusammen getrieben gewesen, schossen auch Fasahnen und Rephühner, und speisseten Mittags bey des Hn. Ober-Hof-Marschalls Baron von Löwenthals Exzellenz«.

August sitzt schweigend und nachdenklich neben dem Bett Augusta Constantias. Sein Bruder Johann Georg war an den Pocken gestorben. Sein Tod brachte ihn auf den Thron, wie sein Leben sonst wohl verlaufen wäre …? sinnt er. Man hatte den König mit der Sterbenskranken allein gelassen. Augusta Constantia liegt still und unbeweglich. Ihre Brust bewegt sich nicht, ihr Mund steht offen. Ihr Gesicht ist durch den Schorf geschwollen und bronzefarben, aber es ist nicht entstellt. Nur zeigt es keinerlei Regung. Als sie geboren wurde, damals, am 24. Februar 1708, fast auf den Tag vor 20 Jahren, dachte August, saß er am Bett Constantia von Cosels. Tagelang wich er nicht von ihrer Seite. Constantia hatte Angst vor jeder Geburt, denn sie war jedesmal lange krank danach. Constantia … Seine Gedanken verloren sich in der Erinnerung … Im September 1721 hatte er seine beiden Töchter von Depenau nach Dresden holen lassen. Sie waren im hoffähigen Alter. Augusta Constantia war 13 Jahre alt und Friederike Alexandrine zwölf. Die Erziehung übernahm die Baronin von Löwendahl, eine Cousine Constantias. Löwendahl, der Oberhofmarschall, verdankte

Anna Constantia von Cosel (1680–1765).

seine Karriere Constantias Protektion. Dafür war er später maßgeblich an ihrem Sturz beteiligt. Ob er mit seinem Engagement für die Töchter sein schlechtes Gewissen beruhigen wollte, grübelte August. Er zog die Klingel. Ein Kammerdiener öffnet die Tür. Der König fährt sich rasch mit der Hand über die Augen ... Schwer stützt er sich auf den Diener, als er das Gemach verläßt. Fast scheint es, als schwanke er ein wenig beim Hinausgehen.

Heute würde bei Hofe kein Ball stattfinden!

Während der König ins Schloß zurückfuhr, ging ihm Augusta Constantias Hochzeit durch den Sinn. Er hatte ihr vom 3. bis zum 25. Juni 1725 ein glanzvolles Fest ausgerichtet. Wie bei seinem Thronfolger wurde auch bei der Tochter wochenlang gefeiert. Er machte keine Unterschiede zwischen seinen Kindern! Am Fest nahmen selbst Sohn und Schwiegertochter teil. Sogar Christiane Eberhardine kam aus ihrer Pretzscher Einsiedelei nach Pillnitz. Von Dresden fuhr die Hochzeitsgesellschaft teils per Schiff, teils per Kutsche ins neue Sommerschloß. Augusta Constantia und Friesen kamen unter Kanonendonner und Vivatrufen der Bevölkerung mit dem Bucentauro, mit dem die Kaisertochter anno 1719 in Dresden eingezogen war, im Gondelhafen des Wasserpalais an. Buntbewimpelte Schaluppen und Brigantinen begleiteten sie. Noch am selben Abend traute der Oberhofprediger, Dr. Marperger, das Brautpaar. »Gott ist die Liebe«, hatte Marperger bis zur Ermüdung variiert. Das Hochzeitsmahl fand im Venustempel statt. Er hatte vier Tafeln ausrichten lassen. Allein an der kreisrunden Haupttafel ließ er 43 Gedecke auflegen. Es wurden viele Reden gehalten und oft auf die Gesundheit angestoßen. Ein fröhlicher Hochzeitsball beschloß den Tag. Augusta Constantia war eine schöne Braut, dachte der König. Er war stolz auf sie, als sie mit Friesen und allen Verwandten den Brauttanz anführte. Die polnische Kapelle und die Jagdpfeifer spielten temperamentvolle polnische und andere Tänze. Alle waren sehr vergnügt. Augusta Constantias Bruder, Friedrich August, hielt am nächsten Tag eine Rede, die genauso langweilig war wie Marpegers Predigt. Für die Festveranstaltung hatte er sich wieder etwas Besonderes ausgedacht. Eine Wiederholung der Planetenfeste von 1719 wäre unpassend gewesen. Jeden Tag fand ein anderes Fest im französischen Dorf statt. Er hatte es entlang der Maillebahn, nach Richtung Hosterwitz, anlegen lassen. Er ließ Ballettaufführungen, Komödien, Jagden, Ringrennen und Vogelschießen abhalten.

Am Nachmittag fällt Augusta Constantia in eine tiefe Ohnmacht ... Der Hof- und Staatskalender des Jahres 1728 meldet unter dem 3. Februar: »An diesem Abend starb auch Frau Augusta Constantia geborene Gräfin von Coseln, Ihre Exzellenz des geheimen Cabinetts-Ministres und Ober-Cammerherrn Heinrich Friedrich des Heil. Röm. Reichs-Grafen von Friesen Gemahlin zu grossem Leidwesen Dero hohen Hauses und sämmtlichen Hofes, und konte man von dieser erblasseten Dame so viel sagen, daß dergleichen Persohn gar wenig in der Welt zu finden.«

Sie war 19 Jahre, 11 Monate und 6 Tage alt geworden.

Wegen der großen Ansteckungsgefahr wird Augusta Constantia zu schnell beerdigt. Als der Totengräber das Grab schließen will, hört er darin Geräusche … Er scheut sich, ohne Erlaubnis den Sarg wieder zu öffnen. Aber er meldet seinen schrecklichen Verdacht sofort. Als er die Genehmigung zum Öffnen des Sarges in Händen hält und der Sargdeckel abgenommen wird, findet man darin eine Leiche …

Die Innenseite des Sargdeckels aber weist Kratzspuren von den Fingernägeln Augusta Constantias auf …

Man hatte sie scheintot begraben!

Von den beiden Söhnen Augusta Constantias starb der jüngere 1731 ebenfalls an den Pocken. Er wurde nur dreieinhalb Jahre alt. Der Ältere, August Heinrich, ging nach Paris und trat unter seinem Onkel, dem Grafen Moritz von Sachsen, in französische Militärdienste. Er brachte es bis zum Maréchal de Camp. August Heinrich von Friesen starb 1755 in Paris. Mit ihm erlosch die gräfliche Linie der Familie von Friesen.

FRIEDERIKE ALEXANDRINE VON COSEL

Die Freundin Brühls

DER Winter des Jahres 1709 liegt mit eisiger Kälte über Sachsen. Trotz klirrenden Frostes und gewaltiger Schneemassen in den Straßen Dresdens laufen die Vorbereitungen Augusts II. für seine Rückkehr nach Polen auf vollen Touren.

Der König reist, ungeachtet der Witterungsunbilden, am 3. Januar mit Constantia von Cosel zur Neujahrsmesse nach Leipzig. In der Messestadt empfängt er den russischen Gesandten, um mit ihm über ein neues Bündnis mit dem Zaren zu verhandeln. Jetzt gilt es, noch den Vetter aus Dänemark, Frederik IV., für eine gemeinsame Allianz gegen Karl XII. zu gewinnen. August II. lädt den Dänenkönig nach Sachsen ein.

Constantia von Cosel steht im Zenit ihres Lebens. Sie ist der Mittelpunkt des Hofes und wird die ungekrönte Königin der glanzvollen Festlichkeiten sein, die August II. zu Ehren seines dänischen Cousins arrangiert.

Obwohl Augusts Liebe zu Constantia vom Hof schon mehrmals totgesagt wurde, fesselt ihn die schöne Frau mehr denn je. Constantia ist zum drittenmal von ihm schwanger.

Der Besuch des Dänenkönigs bringt August II. das gewünschte Bündnis. Jetzt bedarf es nur noch des richtigen Zeitpunktes, um sich die polnische Krone erneut aufs Haupt zu setzen. Am 8. Juli 1709

Der Wagen Constantias von Cosel mit König Frederik IV. von Dänemark als Wagenlenker, 1709.

schlägt Zar Peter I. die Schweden bei Poltawa vernichtend. Am 24. August 1709 betritt August II. wieder den Boden der Adelsrepublik.

Constantia von Cosel bleibt allein in Dresden zurück. Ihre Mutter ist aus Depenau angereist, um ihr bei der bevorstehenden Geburt beizustehen. Am 24. Oktober 1709 schenkt Constantia dem König eine zweite Tochter, die sie Friederike Alexandrine nennt. Wie immer hat Constantia eine schwere Geburt. Auch diesmal schwebt sie wieder in Lebensgefahr. Als August II. die Nachricht von ihrem schlechten Gesundheitszustand erhält, unterbricht er seine Verhandlungen mit den polnischen Großen und eilt an ihr Krankenbett.

Sobald sie gesund ist, will Constantia mit dem König nach Polen reisen. Sie bittet ihre Mutter deshalb, die Töchter zu sich nach Depenau zu nehmen. Als die eineinhalbjährige Augusta Constantia und die knapp vier Wochen alte Friederike Alexandrine mit

Friederike Alexandrine von Cosel (1709–1784).

der Großmutter das Palais am Taschenberg verlassen, ahnt Constantia von Cosel nicht, daß es ein Abschied für immer ist.

August II. legitimiert Friederike Alexandrine mit dem Tag ihrer Geburt. Die Anerkennung Augusta Constantias erfolgt am 24. Januar 1710. Der König erklärt beide Töchter »für legitimierte Königliche und Churfürstliche Kinder und ehrlich geborene Gräfinnen«.

Friederike Alexandrine verlebt ihre Kindheit zusammen mit ihrer älteren Schwester im holsteinischen Depenau, weit weit weg vom glanzvollen sächsisch-polnischen Hof.

Um die Töchter mit dem Rhythmus des Hofes und seinen geschriebenen und ungeschriebenen Gesetzen vertraut zu machen, übergibt sie der König bei ihrer Rückkehr nach Dresden der Obhut des Oberhofmarschalls von Löwendahl und dessen Gemahlin, einer Cousine Constantia von Cosels. Die Schwestern erhalten Möbel aus dem Besitz ihrer Mutter und leben fortan im Hause des Oberhofmarschalls.

August II. wünscht seine beiden Töchter so oft wie möglich in seiner Nähe. So begleiten sie ihn auch nach Polen, wo er Friederike Alexandrine, Augusta Constantia und ihren Bruder Friedrich August am 24. Dezember 1724 zusätzlich zu ihrer bisherigen Legitimation in den polnischen Grafenstand erhebt.

Friederike Alexandrine ist etwas mehr als 20 Jahre alt, als sie August II. am 18. Februar 1730 mit dem polnischen Kron-Großschatzmeister und Kammerherrn Johann Xantius Anton Grafen Moszynski verheiratet. Die Tochter der schönen Gräfin Cosel hat große Ähnlichkeit mit ihrer Mutter. Kein Wunder, daß sich Moszynski in sie verliebt. Auch Friederike Alexandrine scheint am Kammerherrn des Königs Gefallen gefunden zu haben, denn als der preußische König Friedrich Wilhelm I. 1728 in Dresden weilt, ist Moszynski bei allen Festlichkeiten, die August II. zu Ehren des Hohenzollern gibt, der Kavalier an ihrer Seite. Die Hochzeit wird in Dresden gefeiert. August II. erklärt seine Tochter vorzeitig für mündig und sichert ihr in dem mit Moszynski ausgehandelten Ehevertrag die Beibehaltung ihres bisherigen protestantischen Glaubens zu. Von ihren zu erwartenden Kindern sollten die Töchter evangelisch, die Söhne im katholischen Glauben erzogen werden. Außerdem erhält Friederike Alexandrine aus dem Vermögen ihrer Mutter 100000 Taler und herrlichen Schmuck. Die Hochzeitsfeier findet im Königlichen Palais auf der Pirnaischen Gasse statt. Wer bei Hofe Rang und Namen hat, ist eingeladen. Ganz unvermutet erhält die fröhliche Festgesellschaft einen hohen Gast: Friedrich Wilhelm I. von Preußen. Er war inkognito nach Dresden gereist und mischte sich maskiert unter die Gäste. Der Preußenkönig hatte den Karneval von 1728 noch in bester Erinnerung! Allerdings sollte sein Besuch diesmal nicht so ungetrübt verlaufen. War Friedrich Wilhelm I. auch en masque, so wurde er doch von dem sächsischen Minister Grafen Hoym sofort erkannt. In seinem Fischerkostüm näherte er sich dem Preußenkönig und verwickelte ihn in ein politisches Gespräch. Hoyms Ziel war es, Friedrich Wilhelm I. von seiner Allianz mit dem Wiener Hof abzubringen. Die Hochzeitsgäste merkten von alledem nicht viel. Am Ende des Festes geleiten sie das junge Paar auf die Scheffelgasse, in das ehemals Przebendowskysche, jetzt Moszynskische Haus, zur Hochzeitsnacht.

Die Ehe mit Anton Moszynski bringt Friederike Alexandrine in nahen Kontakt zu Heinrich von Brühl. Als Schwiegersohn Augusts II. unterstützt Moszynski den Minister bei dem schwierigen Unterfangen, Wahlstimmen in Polen für den neuen Kurfürsten Friedrich August II. zu gewinnen. Moszynski und Brühl verbindet bald ein freundschaftliches Verhältnis und gemeinsame wirtschaftliche Interessen. Moszynski ist Brühls Trauzeuge. Zusammen mit Sulkowski pachten sie die Salzbergwerke von Wieliczka und Bochina in Polen. In allen Briefen, die der Groß-Kronschatz- und Oberfalkenmeister mit Brühl in dieser Angelegenheit wechselt, vergißt er nicht, 1000 Grüße seiner Frau mit zu bestellen.

Die Moszynskis gehören zum engsten Kreis des Hofes. Bald erhält der Graf den Rang eines Oberhofmeisters beim Kurprinzen Friedrich Christian. Graf und Gräfin leben abwechselnd in Sachsen und in Polen. 1737 wird Friederike Alexandrine Witwe. Sie setzt die freundschaftliche Beziehung ihres Mannes zu Heinrich von Brühl auch über Moszynskis Tod hinaus fort. So geschieht es recht häufig, daß sich Graf Brühl zur gewöhnlichen Besuchszeit, vormittags gegen Elf, auf den Weg macht, die Gräfin zu besuchen. Dann plaudert man wohl über die schönen Dinge des Lebens. Es ist die einzige Abwechslung, die sich der Minister trotz seines randvollen Terminkalenders gönnt.

Die Freundschaft zu Brühl bringt Friederike Alexandrine bald in den Verdacht eines Verhältnisses mit dem Grafen. Zahlreich sind die Behauptungen aus dem 19. Jahrhundert, die sie als »die allmächtige Mätresse des Premierministers« bezeichnen, ohne daß sich in den zeitgenössischen Briefwechseln, die im Staatsarchiv Dresden aufbewahrt werden, auch nur der leiseste Hinweis darauf findet. Historisch belegt ist allerdings die glückliche Ehe Brühls mit Franziska Maria Anna Colowrath, so daß man ein »Verhältnis« zwischen der schönen Tochter der Gräfin Cosel und dem liebenswürdigen, klugen Minister ins Reich der Fabel verweisen kann.

Seit dem Tod ihres Mannes lebt Friederike Alexandrine wieder in Dresden. 1742 läßt sie durch den Oberlandbaumeister Julius Heinrich Schwarze ein Palais errichten, das als das schönste und modernste

Heinrich Graf von Brühl (1700–1763).

Stadtpalais Dresdens gilt. Die Kosten für den Bau veranschlagt man auf eine Tonne Goldes. Zum »Moszynska-Palais« gehört eine französische Gartenanlage. Sie ist mit ihren Wasserspielen, Grotten, Orangerien und Statuen eine der bedeutendsten der Residenz. Das 19. Jahrhundert besaß keinerlei Verständnis für Lebensgefühl und Architektur von Barock und Rokoko. 1871 fielen Palais und Garten bei Stadterweiterungsplänen der Spitzhacke zum Opfer!

Das Palais Moszynska, nach 1742.

Friederike Alexandrine spielt in der Dresdner Gesellschaft eine führende Rolle. Ein paarmal im Jahr reist sie nach Stolpen, ihre Mutter zu besuchen. Es sind nur mehr Gesten der Höflichkeit. Eine innere Bindung zwischen ihr und Constantia von Cosel besteht kaum. Als Constantia 1765 stirbt, erbt sie von ihr ganze 1000 Taler.

Während des Siebenjährigen Krieges scheint Friederike Alexandrine in Polen gelebt zu haben. Quellen besagen, daß Friedrich II. im September 1756 in ihrem Palais Gesandte empfing und Tafel hielt. Ob er das Palais in dem Zustand wieder verließ, in dem er es vorgefunden hatte?

Friederike Alexandrine verbringt ihre letzten 20 Lebensjahre wieder in Dresden. Sie stirbt am 16. Dezember 1784 im Alter von 73 Jahren. Aus ihrer Ehe mit Anton Moszynski gingen zwei Söhne hervor. Sie vermachte ihnen je 80 000 Taler und setzte ihren jüngsten Sohn zum Vermögensverwalter ein.

Nach ihrem Tod kommt es wegen des Testaments zu Erbstreitigkeiten, die sich bis zum Jahre 1826 hinziehen. Der Grund dafür ist eine Testamentsklausel, nach der der jüngere Sohn unter Androhung eines Verweises auf seinen Pflichtteil die Auflage erhält, die Schulden seines älteren Bruders nicht aus dem Erbe zu begleichen.

Die historischen Quellen über Friederike Alexandrine von Cosel fließen sehr spärlich. Ein von ihr geführter Briefwechsel mit gräflichen und fürstlichen Personen, der sich über ein halbes Jahrhundert erstreckte, war im Staatsarchiv Dresden leider nicht auffindbar.

Deshalb bleibt über ihrem Leben so manches Fragezeichen.

FRIEDRICH AUGUST VON COSEL

Bauherr eines Stadtpalais

WIR schreiben das Jahr 1760. Über drei Jahre ist Sachsen Schauplatz wechselnder kriegerischer Auseinandersetzungen zwischen Friedrich II. von Preußen und den gegen ihn Verbündeten. Seit dem 12. Juli belagert der Preußenkönig die Landeshauptstadt. Zwei Tage später gibt er den Befehl zum Angriff …

In einem neuntägigen Bombardement sinkt das barocke Dresden Augusts des Starken in Schutt und Asche. »Das Feuer wütete nun entsetzlich in und außerhalb der Stadt, viele der vornehmsten Straßen brannten von einem Ende zum anderen. Prächtige Paläste … wurden ein Raub der Flammen. Alle Augenblicke stürzten Häuser von vielen Stockwerken ein … oft wurden die armen Einwohner unter dem Schutt begraben …«

416 Häuser, 6 Kirchen – darunter die Kreuz- und die Annenkirche – werden Opfer des friedrizianischen Bombenterrors. An der Frauenkirche prallen die zielgerichteten Kanonenkugeln ab! Der Sachschaden an Immobilien beträgt 5 Millionen Taler, vom Kunstwert ganz zu schweigen.

1761 kauft Friedrich August Graf Cosel, der jüngste Sohn Augusts II., eine jener Brandstätten, die das Bombardement hinterlassen hatte. Es ist das Grundstück hinter der Frauenkirche, das der Baumeister des sächsischen Rokoko, Johann Christoph Knöffel, 1743 von August III. geschenkt bekommen hatte.

Trümmer der Kreuzkirche zu Dresden nach dem Beschuß von 1760.

Zusammen mit dem Oberkriegskommissar Caesar errichtete er ein fünfstöckiges Mietshaus, von dem jetzt nur noch die Umfassungsmauern standen.

Graf Cosel läßt in den beiden folgenden Jahren ein repräsentatives Stadtpalais errichten. Die architektonische Gestaltung übernehmen Johann Heinrich Schwarze und Johann Christoph Knöffel. Der Bau des nach ihm benannten »Cosel-Palais«, von dem nach der Zerstörung im zweiten Weltkrieg bis heute nur die beiden Kavalierhäuser wieder aufgebaut wurden, ist die einzige sichtbare Spur, die der Sohn Augusts II. und Constantias von Cosel in der sächsischen Geschichte hinterlassen hat.

Seine Geburt, am 17. Oktober 1712, dem 32. Geburtstag seiner Mutter, fällt bereits in die Zeit, als sich das Verhältnis Augusts II. zu Constantia von Cosel zu lockern beginnt. Flemming und Löwen-

Das Palais Cosel, Ansicht nach dem Neumarkt.
Historische Aufnahme.

dahl sind eifrig bemüht, die Stellung Constantias zu unterminieren. Sie lenken Augusts Augen auf eine neue Favoritin. Sie heißt Maria Magdalena Dönhoff.

Als Constantia von Cosel nach Berlin reist, um ihren in Spandau einsitzenden Vetter Rantzau zu bewegen, ihr den in Drage liegenden Ehevertrag mit August II. aushändigen zu lassen, bleibt der Dreijährige mit seiner Kinderfrau in Pillnitz zurück. Er wird seine Mutter erst mit 21 Jahren wiedersehen.

Seine Kindheit verlebt Friedrich August in Pillnitz, die Jugend in Dresden. Er hat einen eigenen Haushalt und wird von einem Hofmeister, Karl Tanner, erzogen. Die Kosten für seine Erziehung und spätere Reisen bestreitet man aus dem Vermögen seiner Mutter. Auch für seine Schulden muß Constantia bezahlen. Der junge Cosel ist ein unauffälli-

Friedrich August von Cosel
(1712–1770).

ges Kind. Bis zum Jahre 1738 finden sich kaum Hinweise in den Akten des Staatsarchives über ihn. Er beteiligt sich weder am Polnischen Thronfolgekrieg noch an den folgenden militärischen Auseinandersetzungen. Nirgendwo fällt er durch eine Besonderheit auf.

1739 übernimmt er das ehemalige Flemmingsche Infanterieregiment. Mit diesem beteiligt sich Cosel am Böhmenfeldzug des Jahres 1741 und am Sturm auf Prag. Seine Tapferkeit bringt ihm das Lob seines Bruders Moritz und das Generalspatent Augusts III. ein. Während des 2. Schlesischen Krieges tritt er noch einmal aus dem historischen Dunkel. In der Schlacht von Kesselsdorf kämpft sein Regiment – er selbst wird nicht direkt erwähnt – unter Rutowskis Oberbefehl.

Friedrich August von Cosel scheidet 1746 aus dem aktiven Militärdienst aus. Sein Regiment übernimmt Graf Friesen, der Sohn seiner Schwester Augusta Constantia. Obwohl Friedrich August von nun an keinerlei militärische Ambitionen mehr hegt, ernennt man ihn 1754 zum General der Kavallerie-Garde du Corps.

Graf Cosel verbringt sein Leben vorwiegend am Dresdner Hof. Man findet ihn bei den Hubertusfesten, beim Scheibenschießen und an Galatafeln. Hin und wieder reist er nach Stolpen zu seiner Mutter. Mit 37 Jahren (1749) heiratet er eine Gräfin Holzendorff. Ihrer Verbindung entstammen zwei Söhne und zwei Töchter.

Constantia von Cosel setzt ihren Sohn zum Alleinerben ihres Vermögens ein. So kommt er noch vor dem Siebenjährigen Krieg in den Besitz der Herrschaft Sabor in Schlesien. Das Gut war ein Pfand für eines von Constantias Kreditgeschäften. Friedrich Augusts jüngste Tochter wird 1757 hier geboren.

Durch den Besitz Sabors hatte Graf Cosel plötzlich zwei Landesherren: August III. und Friedrich II. Aufgrund dieser besonderen Situation muß man annehmen, daß er sich aller politischen und militärischen Aktivitäten enthielt und die Zeit des Siebenjährigen Krieges auf seinem schlesischen Besitz verbrachte. Quellen darüber waren nicht zu finden.

Die Zeit des »Retablissements« bringt Cosel noch einmal eine militärische Beförderung. Man ernennt ihn 1764 zum Chef der Garde du Corps. Jetzt ist auch sein Palaisneubau an der Frauenkirche fertig. Graf Cosel kann das Spätwerk des sächsischen Rokoko kaum genießen. Er stirbt am 15. Oktober 1770, zwei Tage vor seinem 58. Geburtstag, auf Sabor in Schlesien.

So bedeutend und schicksalhaft das Leben Augusts II. und Constantia von Cosels ist, so unscheinbar verlief das ihres gemeinsamen Sohnes.

Das Palais an der Frauenkirche – so es wieder aufgebaut wird – ist die einzige gebliebene Erinnerung an ihn.

QUELLENVERZEICHNIS

BERNIER, O.: Louis XV. Eine Biografie. – Zürich, Köln 1986

BESCHORNER, H.: August des Starken Leiden und Sterben. – N. A. f. s. G. 58/1937

ders.: Das Zeithainer Lager von 1730. – N. A. f. s. G. 28/1907

BEYRICH, R.: Kursachsen und die polnische Thronfolge 1733–1736. – Leipziger Histor. Abhandlgn. XXXVI/1913

BÖTTICHER, W.: Geschichte des Oberlausitzer Adels und seiner Güter. – Dresden 1912

BURG, P.: Die schöne Gräfin Königsmark. – Braunschweig 1919

CZOK, K.: Am Hofe Augusts des Starken. – Leipzig 1989

ESPAGNAC, Frh. v.: Geschichte Moritzens Grafen von Sachsen, 2 Bde. – Leipzig 1774

FELLMANN, W.: Heinrich Graf Brühl. – Leipzig 1990

FINDEISEN, K. A.: Der Goldene Reiter. – Berlin 1956

FÜRSTENAU, M.: Zur Geschichte der Musik und des Theaters am Hof zu Dresden (Neudruck). – Leipzig 1979

GROEHLER, O.: Die Kriege Friedrichs II. – Berlin 1986

HAAKE, P.: August der Starke, Kurprinz Friedrich August und Minister Flemming im Jahr 1727. – N. A. f. s. G. 49/1928

ders.: Christiane Eberhardine und August der Starke. Eine Ehetragödie. – Dresden 1930
ders.: Der Besuch des preußischen Soldatenkönigs in Dresden 1728. In: Forschungen zur brandenburg.-preuß. Geschichte XLVII/1935
Hoffmann, G.: Constantia von Cosel und August der Starke. – Bergisch-Gladbach 1984
Hof- und Staatskalender auf das Jahr 1729. – Leipzig 1729
Löffler, F.: Das alte Dresden. – Leipzig 1982
Memoiren der Markgräfin von Bayreuth, 2 Bde., Leipzig 1910
O'Byrn, Fr. Aug. v.: Johann Georg Chevalier de Saxe. Kursächsischer Generalfeldmarschall. – o. O. o. J.
ders.: Die Parforcejagd zu Wermsdorf und Hubertusburg. – Dresden 1879
ders.: Zur Lebensgeschichte des Grafen Friedrich August Rutowski. – A. s. G. N. F. 2/1876
Pilz, G.: August der Starke. – Berlin 1986
Poniatowski, St.: Die Memoiren des letzten Königs von Polen. – München 1917
Pretzsch, H.-J.: Graf Manteuffels Beitrag zur österreichischen Geheimdiplomatie 1728–1736. – Bonn 1970, BHF Bd. 35
Vehse, C. E.: Geschichte der Höfe des Hauses Sachsen, Bd. 5. – Hamburg 1854
Vitzthum v. Eckstädt, C. F.: Die Geheimnisse des sächsischen Kabinetts, 2 Bde. – Stuttgart 1866
ders.: Maurice Comte de Saxe et Marie-Josèphe de Saxe, Dauphine de France. – Leipzig 1867
Vogel, D.: Vorkommnisse am Augusteischen Hof. – Taucha 1994

Weber, K. v.: Anna Constance Gräfin von Cossell. – A. S. G. 9/1871 Leipzig
ders.: Aus vier Jahrhunderten, 2 Bde. – Dresden 1857 und 1861
ders.: Moritz von Sachsen. Marschall von Frankreich. – Leipzig 1863
White, J. M.: Lorbeer und Rosen. Moritz von Sachsen. Maréchal de France. – Tübingen 1964
Wittram, R.: Peter des Großen erste Reise in den Westen. – Jb. f. Geschichte Osteuropas, N. F. Bd. 3/1955
Ziekursch, J.: August der Starke und die katholische Kirche 1704-1720. In: Ztschr. f. Kirchengeschichte 24/1903
ders.: Sachsen und Preussen um die Mitte des 18. Jahrhunderts. – Breslau 1904

BILDNACHWEIS

Sämtliche Vorlagen entstammen dem Archiv der Autorin.

Vogel, Dagmar:
Die Kinder Augusts des Starken/Dagmar Vogel
1. Aufl. – [Taucha]: Tauchaer Verlag, 1994
ISBN 3-910074-26-X

Reihenentwurf: Th. & H. Selle
Satz, Reproduktion, Druck und Buchbinderei:
Offizin Andersen Nexö Leipzig GmbH
Printed in Germany
ISBN 3-910074-26-X